ISBN: 3-923176-76-7
© 1992: pala-verlag gmbh,
Rheinstraße 37, 64283 Darmstadt
2. aktualisierte Auflage 1993
3. unveränderte Auflage 1995
Lektorat: Wolfgang Hertling
Umschlaggestaltung: Atelier Heine, Mühltal
Titelfoto: Erika Heine, Mühltal
Illustrationen: Kerstin Meier
Druck: Paderborner Druck Centrum

Der Innenteil dieses Buchs ist auf Recyclingpapier
aus 100 % Altpapieranteilen gedruckt.

Walter Münster
Käse selbstgemacht

Gesundes aus der Milch
von Kuh, Schaf und Ziege

Inhaltsverzeichnis

Käse - was ist das?

Milch ist, wie wohl kaum ein zweites Nahrungsmittel, von der Natur zum sofortigen Verzehr vorgesehen. Wenn sie ohne Umwege vom Euter der Kuh (oder eines anderen Säugetieres) in das Maul des Jungtieres gelangt, bedarf es keiner Konservierung oder Lagerung.

Wenn die Milch aus dem Euter kommt, ist sie praktisch steril; aufgrund ihrer Nährstoffzusammensetzung jedoch ist sie ein idealer Nährboden für Bakterien. In der Natur ist das unproblematisch, da die Milch immer auch sofort verbraucht wird. Erst dadurch, daß der Mensch die Milch „zweckentfremdete", wurde die Verderblichkeit der Milch zu einem Problem.

Mit der Geschichte der Domestizierung von Rindern, Schafen und Ziegen durch den Menschen begann daher auch das Problem der Aufbewahrung und Konservierung von Milch. Zunächst - und das liegt mehr als 8000 Jahre zurück - war nur die natürliche Säuerung, also die Herstellung von Dickmilch und Quark, als Konservierungsmethode für Milch bekannt. Irgendwann entdeckten Nomaden in Zentralasien, daß die Milch in den Mägen geschlachteter Jungtiere geronnen war, aber süß schmeckte. Das war der Ausgangspunkt der Labkäserei, der Ausgangspunkt für ein Handwerk, das sich später in der ganzen Welt verbreitete.

Was ein unbekannter Hirte, ohne es zu wissen, entdeckt hatte, war ein Enzym, das in den Mägen aller Säugetiere vorhanden ist und dazu dient, die aufgenommene Muttermilch leichter verdaulich zu machen. Dieses Enzym, das überwiegend aus den Mägen von geschlachteten Kälbern gewonnen wird, ist bis heute das wichtigste Gerinnungsmittel zur Herstellung von Käse geblieben.

Immer wieder gibt es in historischen Aufzeichnungen Belege dafür, daß Käse in verschiedenen Kulturen bekannt war, z.B. bei den Römern, den Wikingern, den Arabern und den Griechen. Im mittelalterlichen Europa war die Herstellung von Käse jahrhundertlang eine Domäne der Bäuerinnen. Nur in Ausnahmefällen waren Mönche oder andere Männer mit dieser Tätigkeit befaßt. Es ist daher kein Wunder, daß viele der heute bekannten Käsesorten von Frauen erfunden wurden. Auch wenn das nur bei einigen Sorten durch Zufall aktenkundig wurde, haben die Frauen hier fast überall Pionierarbeit geleistet. Ein richtiges Männerhandwerk war das Käsen nur etwa hundert Jahre lang. Auch als die ersten Molkereien gegründet wurden, wurde das Zepter anfangs von Frauen geführt. Verdrängt wurden sie eigentlich erst, als mit der Dampfmaschine die Technik Einzug hielt.

Dabei ist es noch gar nicht so lange her, daß Käse überwiegend handwerklich hergestellt wurde. Bis in die sechziger Jahre gehörte die Käseherstellung zu den üblichen Tätigkeiten in den Molkereien. Aber dann begann das große Sterben der kleinen Molkereien. Durch die Subventionen der EG-Agrarpolitik wurde die Produktion von Käse für die Molkereien unrentabel, und es war lohnender, (subventionierte) Butterberge und Magermilchpulver herzustellen. Die kleinen, genossenschaftlich organisierten Molkereien wurden geschlossen und durch größere Betriebe ersetzt. Da die Käseproduktion in diesen Molkereien keinen Platz mehr hatte, wurde sie immer mehr von Industriebetrieben übernommen.

Bei dieser Entwicklung blieb nicht nur das Handwerk auf der Strecke - auch die Qualität des Käses litt erheblich darunter. Die veränderte Fütterung der Tiere und die großtechnische Verarbeitung eines so empfindlichen Rohstoffs wie der Milch machte eine Vorbehandlung der Milch nötig, die auch den Geschmack des Käses beeinflußte. Und das führte dazu, daß aus dem „natürlichen Produkt" Käse ein fast steriles Industrieerzeugnis wurde.

Für viele Menschen ist Käse geradezu ein geheimnisvolles Produkt. Während Brotbacken heute für zahlreiche Hausfrauen und -männer zum Alltag gehört, ist der Gedanke, Käse selbst herzustellen, den meisten doch sehr fremd. Man weiß zwar, daß Käse irgendwie aus Milch hergestellt wird, aber da sind viele mit ihrem Latein bereits am Ende - ein Beispiel von vielen, wie fremd alltägliche Lebensmittel für uns Menschen geworden sind.

Käse ist immer ein Gerinnungsprodukt der Milch, wobei zwischen Säuregerinnung und Labgerinnung zu unterscheiden ist. Durch reine Säuregerinnung der Milch entsteht Frischkäse oder Quark; durch Labgerinnung in Verbindung mit Säuregerinnung entsteht Labkäse. Im Gegensatz zum Frischkäse, der sofort verzehrt werden kann, erhält Labkäse seine typische Beschaffenheit erst nach einer bestimmten Reifezeit. In dieser Reifezeit, die bei manchen Weichkäsearten nur wenige Wochen, bei Hartkäse aber auch viele Monate dauern kann, kommt es durch bakterielle Vorgänge zu einer völligen Umwandlung des Eiweißes. Bei einigen Käsearten, besonders bei Schimmelkäse, kommt es zu einer Fettspaltung.

Der grundlegende Vorgang ist für die Herstellung aller Labkäsesorten ähnlich: Milch wird durch Milchsäurebakterien und Lab zum Gerinnen gebracht. Die dabei entstehende Masse, der sogenannte Bruch, wird zerkleinert und in Formen geschöpft. Dabei wird dieser Masse durch Ablaufenlassen oder auch Pressen möglichst viel Flüssigkeit, die Molke, entzogen.

In den Formen entstehen die Ausgangsprodukte, die Rohkäse. Sie sind vor der Reifung für die verschiedenen Käsesorten weitgehend gleich. Durch Zusatz von verschiedenen Bakterien- oder Schimmelkulturen und durch unterschiedlich gestaltete Reifungsbedingungen entstehen aus diesen Rohkäsen dann die fertigen Käse. Unterschiede bei der Produktion gibt es darin, ob ein Käse gepreßt wird oder nicht. Gepreßt werden Hartkäse und einige festere Schnittkäsesorten. Weichkäse werden nicht gepreßt.

Die Vielfalt der Käsesorten hat ihren historischen Ursprung sehr stark in den unterschiedlichen Produktions- und Reifungsbedingungen, die in den Entstehungsländern der Käsesorten anzutreffen waren. Südliche Käsespezialitäten beispielsweise werden meist bei höheren Herstellungs- und Reifungstemperaturen produziert als Käse aus nordeuropäischen Ländern. Bei anderen Käsesorten stand auch der Zufall Pate: Infektionen durch Brot- oder Kellerschimmel brachten die Menschen auf die Idee der Herstellung von Edelschimmelkäse und Camembert.

Durch solche Gegebenheiten und Zufälle wurde der Käse zu dem, was er heute ist: zu einem der ältesten und am weitesten verbreiteten Nahrungsmittel der Welt.

Käsetypen

Trotz der Vielfalt der auf dem Markt befindlichen Käsearten kann man die angebotenen Sorten doch in einige Grundtypen einordnen.

Frischkäse

Der Frischkäse wurde wohl zuerst in südlichen Ländern hergestellt und wurde ursprünglich nur aus Vollmilch gemacht, weil man ohne künstliche Kühlung und Zentrifuge die Milch mit der Hand nicht entrahmen konnte, ohne daß sie vorher sauer wurde. Man konnte also keine Butter machen, was man im Süden wohl auch nicht brauchte, weil man Öl hatte.

Dieser Käse wurde, soweit er nicht ganz frisch verbraucht wurde, luftgetrocknet oder gereift. Dadurch war der Übergang zu dem, was wir heute Weichkäse nennen, fließend.

Vollfette oder noch fettere Frischkäse sind bei uns erst nach dem 2. Weltkrieg bekannt geworden.

Frischkäse ist auch im Haushalt einfach herzustellen, und weil man aus ihm auch einige andere Produkte herstellen kann, das ideale Anfangsobjekt für die Hobbykäserei.

Quark oder Topfen sind nördliche Erzeugnisse und ursprünglich als Abfallprodukte entstanden. Denn auch als es noch keine Molkereien gab, stand in diesen Regionen die Butterbereitung immer im Vordergrund. Aus der Magermilch wurde dann noch Quark gemacht, bis vor dem Krieg ausschließlich im Haushalt.

Die Herstellung ist praktisch genauso wie beim Frischkäse. Rechtlich gehören diese Produkte zur Gruppe der Frischkäse.

Sauermilchkäse

Sauermilchkäse werden ebenfalls aus Magerquark hergestellt, der möglichst trocken sein sollte. Sie werden unter den unterschiedlichsten Namen angeboten: Mainzer, Harzer, Handkäse u.s.w..

Diese Käse wurden eigentlich immer von kleinen Käsereien gemacht. Ganz früher wurde der Quark dafür beim Bauern gekauft, später bei den Molkereien. Im Grunde handelt es sich bei diesen Käsen um geformten, gewürzten und gereiften Quark, und sie sind, wenn man Magerquark hat, einfach herzustellen.

Es sind typisch deutsche Käse und waren, solange es noch keine Kühltheken gab, stark riechende und billige Käse, die vielfach als Arme-Leute-Essen galten.

Kochkäse

Kochkäse wird auch aus Magerquark hergestellt, nur wird zu seiner Herstellung die Masse erhitzt. Dadurch wird seine Haltbarkeit verlängert. Früher wurde Kochkäse fast ausschließlich auf dem Bauernhof gemacht. Wie auch die Sauermilchkäse hat der Kochkäse in den letzten Jahren eine Renaissance erlebt - nicht mehr als Arme-Leute-Essen, sondern als Diätkost, denn er hat wenig Fett, hochwertiges Eiweiß und wegen des hohen Wassergehaltes wenig Kalorien.

Rotschmierekäse

Die wohl typischste deutsche Käseart ist der Rotschmierekäse. Diese Käse haben ihren Namen, weil sie während der Reifung von einer mehr oder weniger dicken rot-bräunlichen Schicht überzogen werden, die auch Einfluß auf die Reifung und den Geschmack hat.

Allgemein bekannte Rotschmierekäse sind Tilsiter, Limburger, Steinbuscher, Münsterkäse, Mainauerkäse, Quadratkäse und Romadour. Viele andere Bezeichnungen sind verlorengegangen, weil schon zu Zeiten des Reichsnährstandes, also vor rund 50 Jahren, mit einer Standardisierung der Käsesorten begonnen wurde.

Rotschmierekäse entstanden, weil die Reifung des Käses in Kellerräumen erfolgte. Hier herrschten die nötigen konstanten Temperaturen, aber auch eine hohe Luftfeuchtigkeit, nicht wie in den heute weitverbreiteten knochentrockenen Heizungskellern. In diesen Kellern bildete sich die aus verschiedenen Kleinlebewesen bestehende Schmiere ganz natürlich. Und man fand schnell heraus, daß mit ein bißchen Pflege, diese Schmiere den lästigen Schimmel, den es natürlich in diesen Kellern auch gab, verhinderte.

Berücksichtigen muß man allerdings, daß damals nur im Sommerhalbjahr richtig gekäst wurde. Da alle Tiere wegen der natürlichen Futtergrundlage im Frühjahr lammten oder kalbten, war der Milchanfall während des Winterhalbjahres so gering, daß er nur den Bedarf an Frischmilch deckte. Extrem tiefe Temperaturen, wie sie im Winter vorkommen, spielten deshalb keine Rolle.

Im Gegensatz zu den heutigen Fabrikerzeugnissen mit diesen Namen erhält man bei der Eigenproduktion einen wesentlich pikanteren Käse.

Früher war eine dicke Rotschmiereschicht auf dem Käse eine Selbstverständlichkeit, heute finden viele Kunden das unangenehm. Man wird diesen Käse also vor dem Verkauf abwaschen müssen. Bei der heute üblichen Lagerung in gekühlten Räumen besteht auch keine Gefahr, daß die Schicht sich während des Vertriebes wieder neu bildet.

Hergestellt werden können diese Käse in Größen zwischen 50 g und 10 kg.

Besonders kleinere Größen sind einfach herzustellen. Problem im Haushalt ist oft die Reifung, die mit Geruch verbunden ist.

Käse nach Holländer Art

Die bekanntesten Käse nach Holländer Art sind Edamer und Gouda. Auch der Wilstermarschkäse gehörte ursprünglich zu dieser Gruppe.

Diese Käse wurden früher ausschließlich in Niederungsgebieten hergestellt. Wegen der Grundwasserverhältnisse gab es dort keine Keller, die Käse mußten also in oberirdischen Räumen reifen und waren so Temperaturschwankungen und trockener Luft ausgesetzt. Dafür sind kleine weiche Käse zu empfindlich. Deshalb machte man größere und festere Käse, die gepreßt wurden. Diese Käse waren mild und lange haltbar.

Im Kleinen sind diese Käse schwer herstellbar. Man benötigt Preßformen und Preßvorrichtungen.

Normalerweise werden diese Käse gewachst, um einen Schimmelbefall zu verhindern.

Käse nach Typ des Butterkäses

Käse vom Typ des Butterkäses stammen aus Südeuropa, ihr typischer Vertreter ist der Bel Paese aus Italien. Von der Zubereitung her ist auch der Roquefort ursprünglich dieser Käseart zuzurechnen. Was heute an deutschen Produktionen unter der Bezeichnung Butterkäse auf den Markt kommt, hat mit dem ursprünglichen Butterkäse wenig Ähnlichkeit.

Typisch für den Butterkäse waren bei der Herstellung sehr hohe Einlabtemperaturen und sehr niedrige Reifungstemperaturen. Die hohen Einlabtemperaturen entstanden dadurch, daß dort ursprünglich die Milch nicht durch Wasserkühlung, wie bei uns, haltbar gemacht wurde, sondern durch Aufkochen. Also wurde in der Regel die Abendmilch aufgekocht und dann stehengelassen. Am nächsten Morgen mit der Morgenmilch vermischt, ergaben sich dann Temperaturen von 40-50° C. Die Reifung erfolgte dagegen in Felsenkellern oder gar Höhlen, wo man die tiefen Temperaturen hatte. Es ist heute kein Problem, die Milch auf solche Temperaturen aufzuwärmen, und durch den Einsatz von Klimaanlagen kann man die tiefen Reifungstemperaturen erreichen. Diese ausreichende Luftfeuchtigkeit bekommt man im Grunde nur durch entsprechend gebaute Kühlräume. Aber so hergestellte Käse kann man auch bei normalen Temperaturen reifen, Problem ist auch hier der Schimmelbefall während der Reifung.

Ansonsten ist die Produktion recht einfach. Der Käse wird nicht gepreßt. Die übliche Größe sind Käse mit einem Gewicht von 1-3 kg.

Schimmelkäse

Typische Vertreter des Schimmelkäses sind Camembert und Brie. Neben dem bekannteren weißen gibt es heute auch den blauen Camembert-Schimmel. Dieser ist allerdings weitgehend in Vergessenheit geraten, obwohl er geschmacklich vielfach als besser eingeschätzt wird. Sein Nachteil: er wird mit zunehmendem Alter grau und damit unansehnlich. Auch sind Infektionen mit Fremdschimmel schwer zu erkennen. Und Fremdschimmel sind das größte Problem bei der Herstellung von Schimmelkäse. Man kann zwar durch massiven Kultureinsatz, ähnlich wie bei den Milchsäurebakterien, Fremdschimmel weitgehend unterdrükken, eine absolute Sicherheit gibt es aber nicht. Hat ein Käse erst einmal grüne oder schwarze Punkte - so zeigen sich diese Fremdinfektionen - so ist meist schon der gesamte Lagerbestand infiziert. Je nach Geschmack kann man solche Käse noch selbst essen. Solange der Camembert noch handwerklich hergestellt wurde, waren solche Infektionen nicht selten. Verkaufen kann man ihn aber heute so nicht mehr, was beträchtliche Verluste bedeuten kann.

Die eigentliche Bereitung dagegen ist einfach. Die benötigten Schimmelkulturen können gekauft oder bei der Hobbykäserei auch von gekauften Käsen abgenommen werden.

Dieser Käse muß, wenn der durch den Schimmel hervorgerufene Geschmack dominieren soll, als kleiner, zumindest aber als flacher Käse, wie der handelsübliche Brie, produziert werden.

Käse in Salzlake und in Öl

Diese Käseart stammt aus dem Süden. Griechenland, Bulgarien und der vordere Orient waren die ursprünglichen Herstellungsgebiete. Bei uns ist er erst seit gut 20 Jahren bekannt.

Die Herstellung ist relativ einfach. Es werden mit Lab Rohkäse produziert. Diese Käse werden in einer Salzlösung konserviert. Es findet also keine Reifung statt.

Eine ähnliche Art des Konservierens ist das Einlegen in Öl. Diese Methode stammt aus Frankreich und Spanien. Auch wenn solche Käse hin und wieder zu finden sind, einen richtigen Markt haben sie nie bekommen. Das liegt wahrscheinlich am Geschmack, der ins stark Saure geht und etwas an Sauermilchquark erinnert.

Meist werden die kleinen Käschen aus trockenem Frischkäse geformt und dann ins Öl gelegt. Dem Öl kann man verschiedene Gewürze zusetzen. Problematisch ist, daß Speiseöl und Glas als Verpackung den eigentlichen Käse sehr verteuern.

Weil man keine Reifungsmöglichkeiten benötigt, sind diese Käse auch gut im Haushalt herzustellen.

Alpkäse

Alpkäse werden heute noch in Gebirgsgebieten gemacht. Sie dürfen nicht mit den Bergkäsen verwechselt werden, die im Vorland und meist in Käsereien hergestellt werden.

Der Alpkäse wird dagegen oft in schwer zugänglichen Gebieten und in Höhen über 2000 Metern produziert. Gearbeitet wird dabei nach traditionellen Verfahren, die immer viel Erfahrung voraussetzen.

Auch dieser Käse mußte im Gebirge krassen Witterungsschwankungen widerstehen. Deshalb wurden auch dort große, feste und gepreßte Käse hergestellt.

Die Qualitäten variieren aufgrund der Witterungsverhältnisse, aber selbst mittlere Qualitäten stechen noch jeden Industriekäse aus. Wenn man nicht gerade eine Alp hat, kann man solchen Käse natürlich nicht selbst herstellen.

Berg- und Emmentalerkäse

Diese Käsesorten werden zwar in etwas flacheren Gebieten hergestellt, sind aber dem Alpkäse ursprünglich ähnlich. Nur waren sie wegen des größeren Milchanfalls immer größer, die Emmentalerkäse teilweise sogar über 100 kg schwer.

Die Käsereien, in denen diese Käse produziert werden, sind heute modern eingerichtet und damit hat sich auch die Arbeitsweise geändert, was zu gleichmäßigeren Qualitäten geführt hat.

Geblieben ist, daß die Käse nur aus Rohmilch gemacht werden dürfen. Deshalb gibt es hohe Anforderungen an die Milchqualität und strenge Fütterungsvorschriften.

Diesen Käsearten wurde schon oft das Aus prophezeit, weil die Bauern ohne diese strengen Vorschriften viel mehr Milch produzieren könnten. Ihre Rettung war die EG mit den Milchquoten. Danach dürfen die Bauern nicht mehr, sondern sie müssen weniger Milch produzieren.

Vergleicht man die Qualität dieser Käse mit den Industriekäsen, so sind sie billig. Sie sind aber auch wegen ihres niedrigen Wassergehaltes Kalorienbomben.

Natürlich kann man auch solche Käse nicht selbst herstellen, und wenn Hofkäsereien im Flachland sogenannte Bergkäse anbieten, so handelt es sich dabei immer um schlechte Kopien.

Was brauche ich zum Käsen?

Vom Käsen werden viele wohl durch die Vorstellung abgeschreckt, es seien dafür ungeheuer aufwendige Räumlichkeiten und Geräte nötig. Wer Käse jedoch nur für sich oder die eigene Familie machen will, findet im Grunde alles in der Küche. Töpfe, Kellen, Herd, Spüle - all das kann verwendet werden. Was darüber hinaus noch gebraucht wird, kostet nicht viel oder kann auch leicht selbst hergestellt werden.

Wer Käse allerdings richtig reifen lassen will, benötigt - allein des Geruchs, aber auch der klimatischen Verhältnisse wegen - einen besonderen Raum oder Schrank. Wer Käse verkaufen will, wird mit einer ganzen Anzahl von Bestimmungen konfrontiert. Daher kann hier nur eine rechtzeitige Abstimmung mit der zuständigen Behörde empfohlen werden. Da sich gerade die Vorschriften bezüglich der Räumlichkeiten weit auslegen lassen, kommt es leicht zu Mißverständnissen, die viel Geld und Ärger kosten können.

Auch für die Behörden ist ein solches Unterfangen häufig neu. Viele nehmen sich daher die Molkerei als Vorbild, was nicht gerade günstig ist, weil diese Betriebe mit erheblichen öffentlichen Zuschüssen teilweise zu wahren Palästen ausgebaut wurden. In jedem Fall sind hier gekachelte Räume und eine weitgehend aus Edelstahl bestehende Einrichtung anzutreffen. Genau genommen ist jedoch beides nicht vorgeschrieben. Man wird den Behördenvertretern daher klar machen müssen, daß im Kleinbetrieb Tücher und Säcke notwendig sind und daß vieles aus Kunststoff sein wird, weil es einige Geräte nicht aus Edelstahl gibt.

Dennoch sollte man sich die Materialauswahl gerade bei Neuanschaffungen gut überlegen. Zuweilen lassen sich von Molkereien oder Schlachtereien, die geschlossen wurden, viele Geräte aus Edelstahl billig erwerben, die neu unbezahlbar erscheinen. Auch sind heute viele Metallbetriebe in der Lage, Edelstahl zu verarbeiten (das Problem war früher immer die Schutzgasschweißung), so daß Neuanschaffungen nicht mehr so teuer sind. Schließlich sind neue Gegenstände aus Kunststoff auch nicht immer billig und - wegen der Versprödung dieses Werkstoffes - immer nur bedingt haltbar. Edelstahl dagegen läßt sich selbst bei starker Beanspruchung praktisch unbegrenzt verwenden.

Vieles in den folgenden Darstellungen über Geräte und Räumlichkeiten ist an idealen Voraussetzungen für die Käserei orientiert. Wer Käse verkaufen will, sollte dies daher als Richtschnur auffassen. Für Hobbykäser können nur Anhaltspunkte gegeben werden; hier sollte man selbst entscheiden, was unter den gegebenen Umständen realisierbar ist. Oft ist es sinnvoller, klein anzufangen und nach einigen Erfahrungen den „Betrieb" zu erweitern, als gleich kostspielige Anschaffungen vorzunehmen, die sich hinterher als unnötig erweisen.

Geräte zum Käsen

Es ist schwierig, eine genaue Liste der für die Käserei benötigten Geräte aufzustellen, da es keinen Maßstab gibt, an dem sich sowohl Hobby- als auch Nebenerwerbskäser orientieren können. Gerade Hobbykäser sollten zuerst sehen, was in der eigenen Küche vorhanden ist und sich zum Käsen eignet, da sich schon mit einer relativ einfachen Grundausrüstung annehmbare Ergebnisse erzielen lassen. Die ersten Erfahrungen zeigen dann, welche Ergänzungen der Gerätschaften sinnvoll oder nötig sind.

Prinzipiell werden folgende Gerätschaften benötigt:
- ein **Topf (Käsekessel)** mit der Möglichkeit zum Erwärmen
- **Möglichkeiten zum Kühlen** der Milch
- **Geräte zum Rühren**
- **Geräte zum Schneiden**
- **Formen** für die Käse
- ein **Thermometer**
- zur Herstellung gepreßter Käse eine **Käsepresse**
- zur Herstellung gereifter Käse eine **Reifungsmöglichkeit**.

Käsekessel

Ganz gleich, ob man als Hobby oder professionell käst, und ganz gleich, welchen Käse man machen will, immer benötigt man ein Gefäß, das groß genug ist, um die vorhandene Milch aufzunehmen. Ob dieses Gefäß aus Edelstahl, Aluminium oder emailliertem Stahl besteht, spielt in bezug auf den Arbeitsablauf keine Rolle. Selbst Kunststoffbehälter sind brauchbar; allerdings kann man diese nicht auf eine Kochplatte setzen, und ihre Haltbarkeit ist begrenzt. Wer den Käse allerdings verkaufen will und deshalb auch mit dem Besuch von gründlichen Behördenvertretern rechnen muß, sollte Edelstahl bevorzugen; bei Neuanschaffungen kommt nur Edelstahl in Frage.

Den gesetzlichen Bestimmungen zufolge kann auch mit emaillierten Behältern gearbeitet werden, solange der Überzug unbeschädigt ist. Ebenfalls zugelassen sind Aluminium und bestimmte Legierungen aus diesem Metall. Diese Materialien sind gegenüber der Milchsäure nicht so beständig. Es kommt leicht zu Lochfraß, d.h. es entstehen kleine Einfressungen, die das Reinigen erschweren und natürlich auch die Haltbarkeit der Behälter verkürzen. Kupferkessel sind grundsätzlich verboten. Es entstehen Kupferverbindungen, die stark giftig sind und die Käseproduktion beeinflussen. Hinzu kommt das Reinigungsproblem, denn durch den Luftsauerstoff entstehen auf der Oberfläche Giftstoffe, die nach wenigen unbenutzten Tagen schon als Grünspan erkennbar sind und besonders bei Kesseln ohne Bodenablauf nie restlos zu entfernen sind. Auch Kunststoffe in lebensmittelechter Zusammensetzung sind zugelassen und deshalb auch geeignet. Kunststoff isoliert gut und ist gegenüber Reinigungsmitteln beständig. Ihr Nachteil ist, daß die Oberfläche leicht rauh wird und sich dann schwer reinigen läßt. Außerdem altern alle Kunststoffe und werden spröde.

Die Größe des Käsekessels hängt von der zu verkäsenden Milchmenge ab, wobei er nur dann zu groß ist, wenn die Füllungen ständig unter 1/4 des Nenninhaltes liegen. Die ideale Form ist gegeben, wenn der Durchmesser in etwa seiner Tiefe entspricht. Ob die Behälter rund, oval oder rechteckig sind, ist im

Grunde gleich. Rechteckige Behälter mit flachem Boden eignen sich sehr gut für die Herstellung vorgepresster Käse. Bei anderen Käsesorten ist die Bodenform egal. Sie kann wie bei den typischen Käsekesseln kugelförmig sein, bei rechteckigen Kesseln auch halbrund. Beide Formen vereinfachen das Ausschöpfen. Bei Kesseln mit flachen Böden erleichtert es das Ausschöpfen, wenn der Kessel an einer Seite angehoben werden kann. Der Bruch läuft dann zur tiefsten Stelle. Eine Isolierung des Käsekessels ist immer vorteilhaft, besonders, wenn man mit hohen Temperaturen einlabt oder langen Labzeiten arbeitet. Durch die Abkühlung der Seitenflächen entstehen nach dem Einlaben und vor der Gerinnung Strömungen, die vor allem die Ausbeute beeinflussen. Bei unisolierten Kesseln kann man diesen Effekt durch die Raumtemperatur ausgleichen.

Doppelwandige Behälter sind notwendig, wenn die Kessel mit Heißwasser angewärmt oder mit Kaltwasser gekühlt werden sollen. Dabei sollte man bedenken, daß viele Behälter nicht druckfest sind, d.h. das eingeleitete Wasser muß frei ablaufen können. Schon bei den mit geringem Druck betriebenen Heißwasserheizungsanlagen, wo man den Kessel praktisch wie einen Heizkörper anschließen könnte, muß geprüft werden, ob die Druckfestigkeit des Kessels ausreicht.

Ein Deckel für den Kessel ist unbedingt erforderlich, wenn die Milch längere Zeit im Kessel steht, z.B. bei einer Vorreifung. Auch sonst ist er günstig, weil die Abkühlung während des Einlabens vermindert wird. Ein Ablaufhahn vereinfacht vor allem die Reinigung. Der Kessel kann gründlich mit Wasser ausgespült

werden, Reste müssen nicht ausgewischt werden, wenn das Gefälle stimmt. Das kann aber bei kleineren Behältern auch dadurch erreicht werden, daß man sie kippbar aufstellt. Schließlich müssen Auslaufstutzen und Hahn täglich gereinigt werden, denn sie stellen oft eine Infektionsquelle dar. Praktisch für die Käsebereitung ist der Hahn nur zum Molkeablassen, wenn der Käse im Kessel vorgepreßt wird.

Beheizung des Käsekessels

Man muß immer in der Lage sein, die Milch im Kessel auf Labtemperatur anzuwärmen, also auf 25-35° C. Nur bei Frischkäse könnte man, wenn man täglich käst, ohne Nachwärmen auskommen. Aber auch das ist meist nur Theorie, weil frischgemolkene Milch nicht immer die gleiche Temperatur hat und man im Interesse einer gleichmäßigen Produktion mit immer gleichen Einlabtemperaturen arbeiten sollte. Das alles ist kein Problem bei Gefäßen bis etwa 50 l. Solche Töpfe kann man einfach auf eine stabile Heizplatte setzen und danach in Wasserkübeln kühlen.

Weit mehr Energie ist notwendig, wenn die Milch für Frischkäse erhitzt, d.h. thermisiert werden muß, also mindestens auf 65° C, empfehlenswert sind sogar 85° C. Wichtig ist dabei, daß die Temperatur von 50° C möglichst schnell, mindestens innerhalb einer Stunde, überschritten wird. Besonders bei bakteriologisch minderwertigerer Milch kann ein längerer Zeitraum zu einer starken Keimentwicklung und damit zu späteren Geschmacksfehlern, ja selbst zum Gerinnen der Milch führen.

Bei kleineren Kesseln ist eine direkte elektrische Beheizung, entweder eingebaut oder auf einer Platte, üblich. Da es durch den hohen Temperaturunterschied zu einer schnellen Wärmeübertragung kommt und die Anbrenngefahr daher groß ist, muß die Milch ständig gerührt werden. Das gilt auch für eine direkte Gasbeheizung. Eine Beheizung über offenem Feuer, wie sie früher in Hofkäsereien oft üblich war, ist nicht nur sehr arbeitsaufwendig, sondern auch aus hygienischen Gründen nicht ratsam.

Eine andere Möglichkeit sind Kälbermilcherwärmer, die im Prinzip wie ein Tauchsieder funktionieren: Durch Widerstände wird die Temperatur am Tauchkörper so niedrig gehalten, daß die Milch nicht anbrennt.

Bei indirekter Beheizung sind doppelwandige Behälter notwendig. Der Mantel ist mit Wasser gefüllt, und es entstehen keine großen Temperaturunterschiede. Das Wasser kann direkt im Kessel erhitzt werden, und zwar durch elektrische Heizstäbe, die im Wassermantel eingebaut sind. Bei größeren Kesseln ergibt sich hieraus ein hoher Leistungsbedarf. Ist ein Dampferzeuger vorhanden, kann man die Milch auch durch direktes Einleiten von Dampf in den Wassermantel anwärmen.

Die Heizquelle kann jedoch auch außerhalb des Kessels liegen - dann wird das Heizwasser im Umlauf durch den Kessel gepumpt. Dabei muß bei geschlossenen Systemen auf die Druckfestigkeit des Kessels geachtet werden. In diesen Fällen kommt es immer zu einem sogenannten Nachwärmen der Milch: Nach dem Abstellen der Beheizung gleicht sich der Temperaturunterschied zwischen dem wärmeren Wasser und der Milch langsam aus. Aus diesem Grund sind sogenannte Kochkessel mit Ölfüllung nicht geeignet. Das Öl speichert so viel Wärme, daß die Einstellung einer genauen Temperatur

zur Glückssache wird. Oft kann das Öl jedoch durch Wasser ersetzt werden.

Kühlung der Milch

Eine Kühlung ist immer dann notwendig, wenn nicht nur ganz frische Milch verkäst wird. Schon wenn Abend- und Morgenmilch zusammen verkäst werden, muß die ältere Milch auf 10-15° C gekühlt werden. Wird die Milch gesammelt, wird also in Abstand von mehreren Tagen gekäst, ist eine Tiefkühlung unter 5° C notwendig. Schließlich muß eine erhitzte Milch auch wieder auf Einlabtemperatur heruntergekühlt werden.

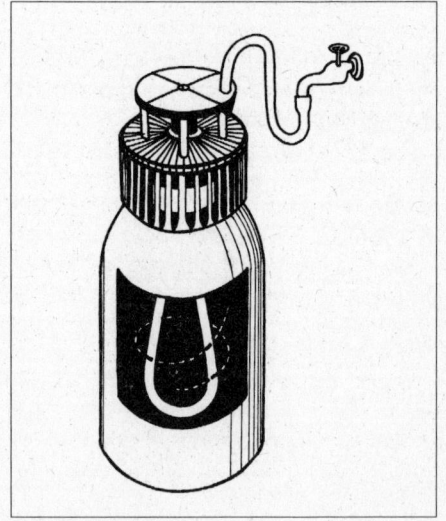

Kannenkühler

Mit Kaltwasser kann man Milch je nach Wassertemperatur auf etwa 10° C kühlen. Die Wirkung einer Kühlung ist um so besser, je mehr die Milch gerührt und so an die Kühlflächen geführt wird.

Sogenannte Kannenkühler sind hierfür eine einfache Möglichkeit. Durch den Wasserdruck wird eine Kühlschlange in der Milch in Umdrehungen versetzt. Außerdem wird die Kanne von außen berieselt. Diese Kannenkühler gibt es für Kannen bis 40 l Inhalt, aber auch für Hofbehälter als Sonderanfertigungen.

Eine Wasserkühlung ist auch im doppelwandigen Kessel möglich, indem der Mantel, der ja auch zum Heizen benutzt werden kann, mit Kaltwasser beschickt wird. Die Kosten einer solchen Kühlung hängen vor allem von den Wasserpreisen ab. Selbst auf dem Hof gefördertes Wasser - für diesen Zweck benötigt man keine Trinkwasserqualität - ist billig. Völlig anders ist es, wenn man an das öffentliche Wassernetz angeschlossen ist und auch Abwassergebühren bezahlen muß. In diesem Fall kann man höchstens das Wasser auffangen und nochmals verwenden, z.B. zur Reinigung oder Viehtränke, was auch aus ökologischen Gründen sinnvoll ist. Trotzdem ist in der Regel die Anwendung künstlicher Kälte preiswerter.

Ein Kühlschrank, auf den ersten Blick die einfachste Lösung, reicht in der Regel nicht aus. Die warme Milch müßte beim Kühlen ständig gerührt werden, da sonst beispielsweise in einem 10 l Eimer nach 8 Stunden in der Mitte des Eimers noch Milchtemperaturen über 15° C herrschen. Gut eignet sich ein Kühlschrank allerdings dazu, gekühlte Milch bei bestimmten Temperaturen aufzubewahren.

Eine andere Möglichkeit (besonders für Schafsmilch) ist es, in der Tiefkühltruhe eingefrorene Eisblöcke zuzusetzen. Dadurch erreicht man eine schnelle Abkühlung der Milch.

Eiswasser wird entweder mit in besonders hierfür konstruierten Geräten oder mit einem Tauchkühler bereitet. Das Wasser wird dann im Umlauf durch den Kessel gepumpt. Dadurch wird der Wasserverbrauch praktisch auf Null gesenkt. Eiswasser kann auch zur Temperierung von Reifungsräumen eingesetzt werden.

Der Tauchkühler eignet sich erst bei Milchmengen über 40 l. Mit entsprechenden Thermostaten ausgerüstet kann die Milch auf 10-15° C, aber auch unter 5° C gekühlt werden. Vorteilhaft ist, daß diese Temperatur auch gehalten wird.

Schließlich seien die üblichen Milchkühlwannen erwähnt. Durch eine Umrüstung oder durch Kälbermilcherwärmer kann Milch in ihnen auch angewärmt werden. Solche Wannen können daher auch gleichzeitig als Käsekessel dienen.

Vorrichtungen zum Rühren

Für Kleinkäser reicht zum Rühren der Milch im Käsekessel eine Kelle, und auch bei größeren Mengen ist nicht unbedingt ein Rührwerk nötig. Dieses läßt sich nur kurzfristig beim Anwärmen der Milch und beim Einlaben verwenden. Da man jedoch bei diesen Arbeiten ohnehin sehr aufpassen muß, kann man also ebensogut gleich mit der Hand rühren. Käsekessel mit Rührwerk sind auch entsprechend teuer und lohnen sich erst bei größeren Milchmengen, etwa ab 300 l, da dann die Bruchbearbeitung körperlich sehr anstrengend wird. Die Arbeitszeitersparnis jedoch ist relativ gering, da der Fortgang der Bruchbearbeitung ohnehin ständig kontrolliert und reguliert werden muß. Beim Anwärmen dagegen und später beim Ausrühren des Bruches für große Käse, wo der Zeitfaktor die wichtigste Rolle spielt, bringt ein Rührwerk in der Tat eine Zeitersparnis.

Bei der Ausstattung der Käsekessel mit Rührwerken gibt es Unterschiede: Am einfachsten ist ein Rührwerk nur zum Rühren der Milch. Es kann beim Anwärmen der Milch und zum Vermischen von Milch und Zusätzen eingesetzt werden. Auf jeden Fall muß es herausnehmbar sein.

An ein Rührwerk zum Ausrühren des Bruches werden höhere Anforderungen gestellt. Der Bruch soll im Schwebezustand gehalten werden, wobei sich keine Klumpen bilden dürfen.

Der Bruch ist sehr empfindlich und soll auf keinen Fall weiter zerschlagen werden; dies könnte zu beträchtlichen Verlusten führen. Schwierigkeiten wird man hier immer bei länglichen, viereckigen Kesseln haben. Hat man ständig unterschiedliche Milchmengen oder muß man sehr lange ausrühren (bei festem Käse also), so daß sich das spezifische Gewicht des Bruches im Verlaufe des Rührens beträchtlich ändert, sind stufenlos regelbare Umdrehungszahlen des Rührwerks von Vorteil.

Nur mit Schneidewerken kann man Bruch machen. Weil ein einfach nur drehender Schneidrahmen immer in gleichen Schnitten laufen würde, sind für einen gleichmäßigen Bruch mindestens zwei, bei großen Kesseln auch drei Schneidrahmen notwendig.

Sie hängen in verschiedenen kreisenden Armen, so daß sich die Schnitte ständig überschneiden. Voraussetzung ist ein gleichmäßig flacher Kesselboden. Die Umdrehungszahlen dieser Schneidewerke sind stufenlos regelbar, und es ist unbestritten, daß sich ein Bruch von Hand so schonend und gleichmäßig nicht machen läßt.

Geräte zum Bruchmachen

Zum Bruchmachen benötigt man verschiedene Geräte:

Zum Käsen selbst ist immer ein sogenanntes Käsemesser notwendig. Damit wird die Dickete (die Käsemasse) in Würfel bzw. in Quadrate geschnitten. Besondere Anforderungen an die Schärfe werden nicht gestellt; das Messer muß vor allem glatt sein. Es muß etwas länger sein als die Behältertiefe. Meist genügt ein stabiler Streifen aus Edelstahl.

Kufen sind heute meist aus Kunststoff und werden zum Verschöpfen bzw. Verziehen des Bruches benötigt.

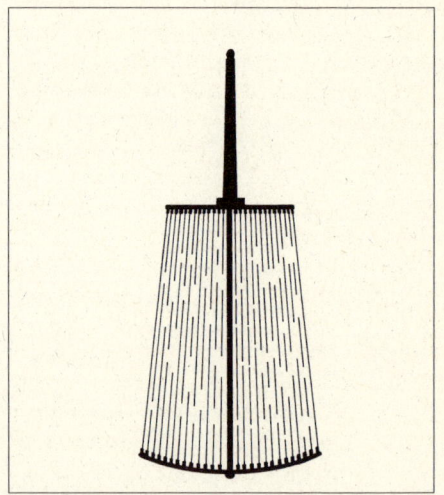

Käseharfe

Zum Ausschöpfen bei weichen Käsen und Frischkäsen benötigt man eine Schöpfkelle, deren Größe den Formen angepaßt sein sollte.

Zum Rühren der Milch bzw. des Bruches benötigt man 1 oder 2 Flachkellen.

Bei Milchmengen bis zu 50 l reichen die im Haushalt üblichen. Größere gibt es für Metzger und Köche. Die Kellen müssen nicht bis auf den Topfboden reichen.

Wer einen festeren und größeren Käse produziert und deshalb meist auch mehr Milch verarbeitet, benötigt zum weiteren Zerkleinern des Bruches ein Schneidegerät. Das kann entweder eine Käseharfe oder ein Schneiderahmen aus einer Anzahl geschärfter Blechstreifen in einem Rahmen sein.

Wenn man dann noch ein Thermometer hat, ist alles da, was man zum Arbeiten am Käsekessel benötigt.

Formen

Daneben benötigt man entsprechende Formen. Deren Art und Größe muß dem Käse entsprechen, den man herstellen will. Während für weiche Käse einfache Rohrabschnitte genügen, benötigt man für gepresste Käse stabile Formen mit genau eingepaßtem Deckel.

Käseformen kann man selbst herstellen:

Für kleine Käse bis etwa 500 g genügen Rohrabschnitte mit einem Durchmesser von 10-15 cm und einer Höhe von 10-15 cm, je nach Größe der gewünschten Käse. Diese werden dann in Abständen von 5 cm mit 3-5 mm Bohrungen zum Molkenablauf versehen.

○ **Tip für das Bohren von Kunststoff: sehr scharfer Bohrer, höchste Tourenzahl, dann gibt es fast keine Grate. Und noch etwas: Abflußrohre sollten vor der Verwendung mindestens eine Stunde in Wasser gekocht werden.**

Solche Formen gibt es auch im Fachhandel; hier ist die Lebensmittelqualität gewährleistet. Für diese Formen benötigt man keine Tücher. Die Formen selbst sollten aber auf einem Tuch, am besten aus Kunststoffasern, stehen. Im Fachhandel gibt es hierfür spezielle Kunststoffunterlagen, die bei weichem Bruch zusätzlich mit einem Tuch überdeckt werden. Kunststoffasern haben den Vorteil, daß sie einfach in einer Reinigungslösung ausgespült und gesäubert werden können und dann schnell trocknen. Naturfasern müssen immer ausgekocht werden; zudem trocknen sie nicht so schnell.

Für größere Käse benötigt man Formen mit Böden, die entweder zylindrisch oder leicht konisch sind, was die Form der Käse allerdings kaum beeinflußt. Auch sie haben Löcher mit einem Durchmesser von ca. 3-4 mm in den Seitenwänden und den Böden zum Molkenablauf.

Diese Formen können einfach aus Verpackungseimern hergestellt werden (Lebensmittelqualität ist immer dann gegeben, wenn sie für Lebensmittel verwendet wurden). Sie werden wie bei den Rohrabschnitten beschrieben angebohrt, in diesem Fall auch der Boden. Grundsätzlich muß der meist verzinkte Bügel entfernt werden.

2,5 l Eimer reichen für Käse bis etwa 1 kg, 5 l Eimer schon für 2 kg schwere Käse. Will man die Käse noch größer machen, kann man auch 10 und 20 l Eimer verwenden.

Für diese Formen sind entsprechend große Tücher erforderlich. Dafür eignen sich relativ feine Gardinenstoffe aus Kunststoffasern, ihre Maschenweite sollte nicht über 3-4 mm liegen. Die Vorteile der Kunststoffaser wurden schon beschrieben. Außerdem kommt es bei diesem

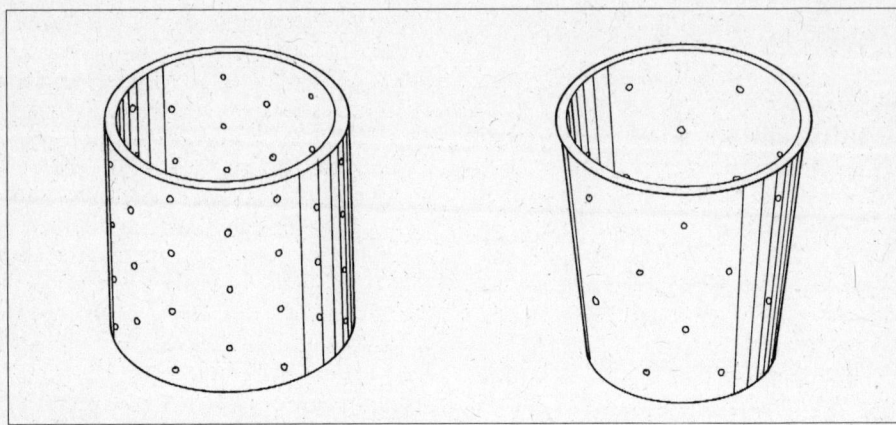

Zylindrische und konische Käseform

feinen Gewebe zu keinen starken Falten-
abdrücken im Käse.

Für den typischen Bergkäse werden im
Durchmesser verstellbare Ringe, die auch
heute meist noch aus Holz sind, verwendet. Hierzu werden ebenfalls passende
Tücher benötigt.

Fertige Formen muß man sich immer
beschaffen, wenn der Käse gepreßt werden soll, da Kunststoffeimer den Druck
nicht aushalten. Zudem benötigt man einen genau eingepaßten, ebenfalls stabilen Deckel. Darüber hinaus ist auch eine
Preßvorrichtung zu empfehlen.

Als Preßformen kommen heute praktisch nur noch sogenannte Kadova-Formen in Frage. Diese Kunststofformen
haben die einst üblichen schweren Holzformen, die oft schwerer waren als der
Käse und für die man Tücher benötigte,
abgelöst; sie sind in verschiedenen Größen zu haben. Einen wirklichen Sinn hat
das Pressen aber nur, wenn die Käse
schwerer sind als 2 kg. Die Formen bestehen aus einem stabilen Unterteil mit wenigen Löchern für den Molkenablauf,

einem Netzeinsatz und einem Deckel, der
ebenfalls mit einem Netz bespannt ist.
Dadurch ergeben sich formschöne Käse.
Zusätzliche Tücher sind nicht erforderlich.

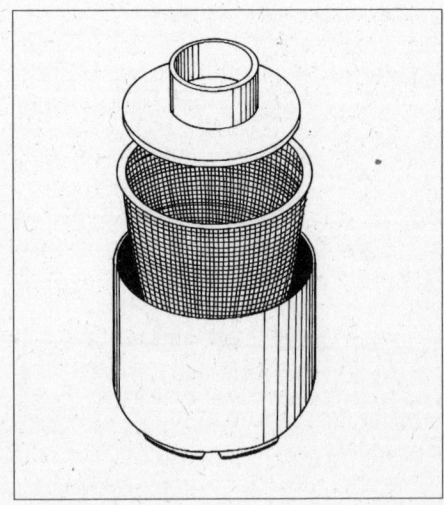

Kadova-Form

Der Ablauftisch

Der Ablauftisch diente bislang ausschließlich dazu, die gefüllten Formen aufzunehmen und die ablaufende Molke aufzufangen.

Die gefüllten Formen waren dann dem Raumklima ausgesetzt, was im Sommer oft zuviel Wärme und im Winter zu niedrige Temperaturen bedeutete, wenn man nicht den ganzen Raum entsprechend temperierte.

Für den Molkenablauf ist es wichtig, daß zunächst eine bestimmte Menge Molke abläuft, wozu man Wärme benötigt, und daß dann die Käse abkühlen, um den Ablauf wieder zu stoppen.

Man verwendet deshalb als Ablauftisch am besten einen Kunststoffkasten, der etwa doppelt so hoch ist wie die Formenhöhe. Diese Kästen gibt es mit Deckeln in allen möglichen Größen zu kaufen. Etwa auf halber Höhe wird dann die eigentliche Standfläche für die Formen eingebaut, entweder aus nichtrostendem Material oder aus Kunststoff. Beim Ausschöpfen kann dann unter den Formen eine bestimmte Molkenmenge und damit auch ein ganz bestimmtes Wärmepotential aufgefangen werden. Das kann man durch einen Überlauf regeln.

Damit hat man in diesem geschlossenen Raum immer die gleiche Wärme. Der Deckel schützt im Sommer auch vor Fliegen. Ist genügend Molke ausgetreten, läßt man die Molke ab. Bei kalten Raumtemperaturen kühlen die Käse so ab, im Sommer dagegen kann man kaltes Wasser einlassen oder Eiswasser durchfließen lassen.

Das führt zu in der Trockenmasse gleichmäßigen Käsen und im Winter zu Energieeinsparungen.

Die Molke muß immer aufgefangen werden. Dabei geht es nicht nur darum, die Molke als Futtermittel zu erhalten. Vielmehr ist die Molke sehr aggressiv gegenüber allen konventionellen Fußböden und ist Gift für jede Kläranlage - schon geringe Mengen können dort zu Schwierigkeiten führen.

Ablauftisch mit Formen

Tücher

Schließlich benötigt man noch Tücher oder Beutel für Frischkäse. Einzelne Tücher benötigt man, wenn man mit Formen mit Boden arbeitet. Sie müssen so groß sein, daß sie den Inhalt der gewählten Form voll umschließen. Bei den Formen ohne Boden, also für die kleinen Käschen, werden keine Tücher für die einzelne Form benötigt. Hier werden die Formen auf ein entsprechend großes Tuch gestellt, das wegen des besseren Molkenablaufs möglichst großmaschig sein soll-

25

te. Gut geeignet ist einfacher Nesselstoff, aber auch jede andere Stoffart, die man kochen kann, ist brauchbar.

Käsepresse

Gepreßt werden müssen nur Käse, die später eine Gärlochung haben sollen, also Typ Edamer, Gouda usw.. Sonst kann man Käse bis über 20 kg Stückgewicht auch ohne Pressen herstellen. Wichtig ist dabei nur die ausreichende Wärme während des Molkenablaufes.

Kadova-Formen sind für Luftdruckpressen konstruiert. Sie haben auf dem Deckel eine Führung für die Aufnahme des Preßstempels. Für jede Form ist ein Druckluftzylinder erforderlich; die Preßstempel müssen genau senkrecht und mittig auf die Form drücken. Durch ein Regelventil kann der Luftdruck sehr genau eingestellt werden. Bei dichten Anlagen ist der Luftverbrauch sehr gering, so daß nur ein kleiner Luftkompressor erforderlich ist - auch eine Preßluftflasche reicht. Die genaue Regelbarkeit und korrekte Übertragbarkeit des Druckes stellen erhebliche Vorteile gegenüber einer Hebelpresse dar.

Kadovaformen lassen sich schlecht stapeln. Bei Hebelpressen kommt es dadurch leicht zu einem Schiefdrücken oder Verkanten, wodurch die Druckverhältnisse verändert werden. Selbst bei kompakten Holzformen erfordert das gute Pressen mit der Hebelpresse viel Erfahrung und Sorgfalt beim Untersetzen.

Reifungsmöglichkeiten

Je nach Größe müssen Käse wenige Wochen oder auch Monate reifen. In jedem Falle muß die Reifungsmöglichkeit zwei Bedingungen erfüllen:

1. eine einigermaßen konstante Temperatur im Bereich von 10-18° C.
2. eine relative Luftfeuchtigkeit von 85-90 %.

Nur wenige Räume sind natürlicherweise so feucht, und wenn, dann sind sie auch oft stark verschimmelt. Bei kleineren Käsemengen kann man gut mit dicht, aber nicht luftdicht, schließenden Schränken mit Kunststoffbeschichtung arbeiten, z.B. mit ausgedienten Küchenschränken. Auch ein alter Kühlschrank ist zu verwenden, wenn man die Kühlung ausschaltet und - damit es ein wenig Lüftung gibt - die Türdichtung ganz oder teilweise entfernt. Holzschränke sind ebenfalls geeignet, wobei es bei der hohen Luftfeuchtigkeit allerdings auch Schimmelprobleme geben kann.

Auf den Boden dieser Schränke wird eine möglichst großflächige Schale mit Wasser aufgestellt, in der ein Tuch aus Naturfaser an der Oberfläche schwimmt. Durch die so vergrößerte Oberfläche wird die Verdunstung gefördert. Bei hohen Schränken muß etwa alle 80 cm ein solches Wasserbord vorhanden sein. Diese Schränke stellt man in Räume mit konstanter Temperatur, wobei man bedenken sollte, daß die Reifung bei manchen Sorten nicht ganz geruchslos ist. Die Luftfeuchtigkeit kann man mit einem Hygrometer oder auch mit zwei gleichanzeigenden Thermometern kontrollieren.

Um die Quecksilberkugel eines Thermometers wird ein Mull-Läppchen gewickelt, das unterhalb des Thermometers in einem kleinen Wasserbehälter steckt. Das Meßprinzip beruht darauf, daß durch Verdunstung Kälte entsteht. Je trockener die Luft im Raum, um so stärker wird die Verdunstung, damit auch die Kälteentwicklung, sein, die vom Thermometer angezeigt wird. Und aufgrund der Temperaturdifferenz zwischen dem feuchten und dem trockenen Thermometer läßt sich dann die Luftfeuchtigkeit ermitteln.

Die folgende Tabelle gibt an, welche Luftfeuchtigkeit herrscht, wenn das trockene Thermometer die Temperatur in der waagrechten Spalte anzeigt und zum feuchten Thermometer der in der senkrechten Spalte angegebene Unterschied gemessen wird.

Wer hier ungeeichte Thermometer verwendet, sollte vorher prüfen, ob sie die gleichen Temperaturen anzeigen. Abweichungen von +/- 1° C sind keine Seltenheit.

Dieses Meßverfahren reicht durchaus zur Herstellung verkaufsfähiger Käse.

	13° C	15° C	17° C	19° C	21° C	23° C
0,5° C	94,0 %	95,5 %	95,0 %	95,0 %	95,0 %	95,5 %
1,0° C	88,0 %	89,0 %	89,0 %	90,0 %	90,0 %	91,0 %
1,5° C	82,0 %	83,0 %	84,0 %	85,0 %	86,0 %	86,5 %
2,0° C	76,0%	78,0 %	79,0 %	80,0 %	81,0 %	81,0 %

Die Räume

Hobbykäser können in ihrer Küche gute Ergebnisse erzielen, wenn gewisse Voraussetzungen beachtet werden. Es ist also keinesfalls nötig, das ganze Haus umzubauen, nur um das eigene Hobby besser betreiben zu können.

Daher im folgenden ein paar Hinweise zu den Räumen, wie sie für die Hobbykäserei benötigt werden. Im Anschluß soll etwas ausführlicher auf die Räumlichkeiten für die professionelle Käserei eingegangen werden. Auch diese Darstellungen können Hobbykäsern wertvolle Hinweise bieten, wo und wie die vorhandenen Möglichkeiten vielleicht noch verbessert werden können. Aber wie gesagt: lassen Sie sich nicht abschrecken - mit etwas Improvisationstalent lassen sich auch im Kleinen ausgezeichnete Ergebnisse erzielen.

Räume für die Hobbykäserei

Die Arbeiten am Käsekessel, das Schöpfen und Formen der Käse, lassen sich problemlos in jeder Küche durchführen. Eine wichtige Grundvoraussetzung, die eigentlich auch für alle anderen Arbeiten in einer Küche gilt, ist die Sauberkeit. Da es bei der Käserei überwiegend um bakterielle Vorgänge geht, sind jegliche Fremdinfektionen mit anderen Bakterien unerwünscht und sollten verhindert werden. Es kann daher problematisch werden, wenn die Wände in der Küche von Schimmel befallen sind.

Die Temperatur in der Küche sollte möglichst konstant sein, auf keinen Fall sollte während des Käsens Zugluft auftreten. Andererseits sollte die Küche gut belüftbar sein, damit die Feuchtigkeit, die während des Käsens entsteht, gut abtrocknen kann.

Wer auch reifenden Käse herstellen will, muß hier wahrscheinlich improvisieren, da die dafür eigentlich nötigen Räume wohl kaum zur Verfügung stehen werden. Ein Kellerraum mit dem richtigen Klima bzw. ein Reifungsschrank sind hier eigentlich unerläßlich.

Für die Reifung des Käses wird ein konstantes Raumklima benötigt, das heißt eine konstante Temperatur und vor allem eine konstante relative Luftfeuchtigkeit, die mindestens 80-90 % betragen muß. Diese hohe Luftfeuchtigkeit stellt oft ein Problem dar. Ideal wäre ein feuchter Kellerraum, der dazu frei ist von Schimmelbefall, denn sonst wird jede Luftfeuchtigkeit wertlos - der Schimmel führt immer wieder zu Fremdinfektionen und damit zu Fehlproduktionen.

Als letztes braucht man noch eine Kühlmöglichkeit. Wenn man nur kleinere Mengen produziert, reicht der Kühlschrank in der Küche. Allerdings sollte man vor Beginn der Produktion überlegen, ob dort auch wirklich genug Platz ist.

Räume für die Hofkäserei

Lage der Räume
Die Räume sollten konsequent vom landwirtschaftlichen Bereich abgeschottet

werden, und zwar entweder durch ihre räumliche Entfernung oder durch eine klare bauliche Abtrennung. Obwohl die Käseküche im Grunde direkt neben dem Melkstand liegen kann, darf es aus hygienischen Gründen keine direkte Verbindung, auch nicht über einen Vorraum, zum Stall und zum Melkstand geben. Der Eingang sollte in diesem Fall von außen oder aus dem Wohnbereich erfolgen. Der Vorteil dieser Anordnung ist, daß die Milch bei größeren Anlagen direkt in den Käsekessel gemolken werden kann. Die benötigte Leitung wird zusammen mit der Melkanlage gereinigt.

Bei Eimermelkanlagen kann die Milch über einen Trichter (Sieb) und eine kurze Leitung hineingekippt werden. Damit man dabei nicht blind arbeitet, empfiehlt sich ein festgeschlossenes Fenster zwischen Melkstand und Käseküche. Arbeitsaufwendiger ist es immer, wenn die Käseküche außerhalb der Stallungen liegt; hier ist ein Transport der Milch und eine zusätzliche Reinigung der Transportbehälter notwendig. Das Pumpen der Milch sollte bei weiteren Entfernungen nur bei wirklich großen Mengen in Erwägung gezogen werden. Hierzu haben sich nur Leitungen aus Edelstahl bewährt. Die ebenfalls aus Edelstahl gefertigte Pumpe muß möglichst schonend arbeiten. Für die Reinigung muß eine zweite Leitung vorhanden sein, so daß im Umlaufverfahren gereinigt werden kann.

In allen anderen Fällen ist der Transport der Milch in einem Hofbehälter o. ä. weniger aufwendig, selbst wenn die Milch dann mit einer kleinen Tauchpumpe in den Kessel gepumpt wird. Ein weiterer Vorteil dieser Arbeitsweise: Melken und Transport sind zwei verschiedene Arbeitsgänge, so daß man nicht versehentlich

spontan in Melkerkleidung in die Käseküche läuft, was zu unerwünschten Infektionen führt.

Käseküche

Meist werden Käseküchen zu groß geplant. In die Käseküche gehört nur das, was jeden Tag benötigt wird, also der Käsekessel, ein Ablauftisch, Formen, Rührgeräte und eventuell, wenn der Käse trocken gesalzen wird, noch Stellfläche für ein bis zwei Tagesproduktionen. Dabei ist die Größe des Sortiments zu berücksichtigen. Daß die Käseküche nicht zu groß sein soll, hat einen einfachen Grund: Während des Käsemachens sollen Temperaturen von 20° C, besser noch 25° C, herrschen, d.h. die Küche muß die meiste Zeit im Jahr beheizt werden. Da aber wegen der dabei entstehenden hohen Luftfeuchtigkeit regelmäßig gelüftet werden muß, kommt es wieder zur Abkühlung. Eine kleine Küche ist daher energiesparender.

Wegen der Luftfeuchtigkeit ist die Gefahr von Schimmelbildung groß. Man sollte auf alle Einrichtungen verzichten, die direkt an den Wänden stehen, denn hinter ihnen bildet sich oft Schimmel. Das gilt nur nicht für Kühlschränke. Ein anderes Problem sind Fliegen und anderes Getier, die auf jedem Bauernhof im Sommer reichlich vorhanden sind. Je mehr in der Käserei steht, um so mehr Deckung haben sie und um so ungestörter vermehren sie sich. In kahlen Räumen dagegen hat man mit Fliegen kaum Probleme.

Man benötigt außerdem einen zusätzlichen Aufbewahrungsraum für Salz, Gewürze, Reinigungsmittel, überzählige Geräte usw. Dieser Raum muß im Grunde nur trocken sein.

Bauliche Ausstattung der Käseküche

Laut Gesetz sind folgende Einrichtungen für eine Käseküche obligatorisch: wasserundurchlässiger Fußboden, ein Abfluß mit Geruchsverschluß, Wände, die bis zu einer Höhe von mindestens 2 m abwaschbar sind, und ein abgerundeter Übergang von der Wand zum Fußboden.

Da Molke gegenüber konventionellen Baumaterialien sehr aggressiv ist, sollte sie grundsätzlich aufgefangen bzw. abgepumpt werden. Im allgemeinen werden die Fußböden in Käsereien heute aus Kunstharzen mit Quarzsand hergestellt. Dieser kann auch noch an den Wänden hochgezogen werden, so daß eine sehr strapazierfähige, wasserdichte Wanne entsteht. Leider ist dies bei kleinen Flächen sehr teuer. Aber auch mit konventionellen Materialien kann man dauerhafte Fußböden machen. Sehr wichtig ist ein Gefälle von mindestens 1,5 % in allen Raumbereichen. Das läßt sich nicht nach Augenmaß machen, sondern setzt eine fachgerechte Verlegung voraus. Die Fugen müssen nach dem Ausschlämmen mit einer Kelle nachgezogen werden, sie sollten deshalb eine Mindestbreite von 8 mm aufweisen.

Auch säurefester Mörtel kann verwendet werden. Allerdings ist darauf zu achten, daß die Fugen dicht sind. Als Platten sind alle handelsüblichen Gewerbeplatten zu gebrauchen. Für den Abfluß eignen sich solche aus Gußeisen am besten, natürlich mit Geruchsverschluß. Für den Übergang Fußboden - Wand gibt es Sokkelplatten mit einer Rundung, so daß die Fuge auf dem Fußboden liegt. Die Rundung kann auch nur mit Mörtel hergestellt werden. Da Mörtel allerdings schlecht auf Platten haftet, sollte man beim Verlegen entsprechende Abstände lassen.

Der Wandbereich ist unproblematischer. Nach der Vorschrift reicht ein fester Putz mit einem abwaschbaren Anstrich. Da ein solcher aber nur begrenzt haltbar ist und deshalb ständig erneuert werden muß, sind Wandplatten auf Dauer wirtschaftlicher. Verwendet werden können auch helle Platten aus dem Wohnbereich. Da die Abwaschbarkeit des Wandbelags mindestens 2 m beträgt, kann man daraus auch eine Mindesthöhe der Käseküche ableiten. Die Platten können geklebt werden. Nur zum Ausfugen sollte man nicht die üblichen Fugungsmittel, sondern Zement verwenden, da Schimmel sonst sehr leicht in die Fugen einwächst und sich schwer entfernen läßt.

Lüftung der Käseküche

Bei den notwendigen Raumtemperaturen - die Temperaturen von Milch und

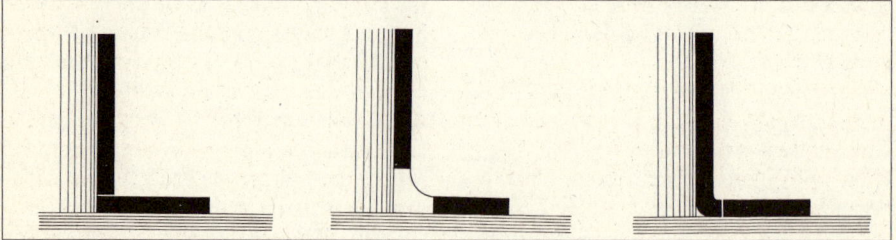

Übergang Fußboden - Wand: Eine runder Übergang zwischen Wand und Boden (Mitte und rechts) läßt sich besser reinigen als eine rechtwinklige Fuge (links)

Molke liegen meist noch darüber - kommt es zu einem Anstieg der relativen Luftfeuchtigkeit, insbesondere, da während des Käsens nicht gelüftet werden darf. Bei der späteren Abkühlung kondensiert diese Feuchtigkeit. Obwohl es sich hierbei eigentlich um nur geringe Mengen handelt - in einer mittleren Küche vielleicht ein halber Liter täglich -, muß unbedingt vermieden werden, daß dieses Wasser ständig von den ungekachelten Wand- und Deckenflächen aufgenommen werden muß. Dann nämlich kommt es zu feuchten Stellen, und Schimmelbewuchs ist vorprogrammiert.

Ideale Verhältnisse hat man, wenn der Fußboden der kälteste Teil des Raumes ist, da das Wasser dann dort kondensiert und ablaufen kann. Aus diesem Grund sollte nie der Fußboden, sondern Decke, Wände und Fenster wärmeisoliert werden. Werden die Heizkörper so hoch wie möglich angebracht, ist nur eine kurzfristige Durchlüftung durch Öffnen der Fenster notwendig.

Bei einer Austrocknung durch Außenluft soll diese möglichst gleichmäßig den ganzen Raum durchziehen. Ein rechteckiger Grundriß der Küche vereinfacht das. Die Fenster sollen bis an die Decke reichen und auch möglichst nahe an Ecken zu anderen Außenwänden angebracht sein.

Ideal ist ein Fensterband über eine ganze Raumbreite. Eine Entlüftung durch Ventilatoren ist ebenfalls möglich bzw. sogar nötig, wenn sich in der Nähe der Fensterfront Dungstätten usw. befinden. Hier sollte man sich von einer Fachfirma beraten lassen.

Reifungsraum

Die Größe des benötigten Platzes für den Reifungsraum wird oft unterschätzt. Man sollte ihn genau berechnen und dabei berücksichtigen, daß es immer absatzschwache Zeiten gibt, der Käse also länger als geplant im Lager verbleibt. Andererseits geben die Käse während der Reifung Feuchtigkeit ab, d.h. man hat um so weniger Probleme mit der Luftfeuchtigkeit, je besser ein Raum belegt ist. Bei größerer Produktion ist es daher praktisch, zwei oder mehrere Reifungsräume zu haben.

Bei Temperaturen von 8-18° C kann man Käse ohne Probleme reifen lassen. Bedenken sollte man, daß es einfacher ist, einen Raum etwas aufzuheizen, als ihn zu kühlen. Wichtig ist jedoch eine konstante Temperatur, die nicht um mehr als 2° C schwankt.

Die relative Luftfeuchtigkeit bei normaler Reifung sollte 85-95 % betragen. Da es nur wenige Räume gibt - meist Keller -, die von Natur aus konstant eine so hohe Feuchtigkeit haben, muß der Reifungsraum in der Regel zusätzlich befeuchtet werden. Bei ganz kleinen Räumen kann man die nötige Luftfeuchtigkeit bedingt durch Bespritzen des Fußbodens und Aufstellen von Wasserbehältern erreichen.

Automatisieren kann man die Luftfeuchtigkeit durch Luftbefeuchter. Da diese in der Regel für Wohnräume gedacht sind, muß der Hygrostat, der das Gerät bei bestimmten Werten ein- und ausschaltet, ausgewechselt werden. Zudem müssen die Wasserbehälter der Befeuchter ständig nachgefüllt werden. Eine andere, im Grunde einfachere Möglichkeit ist es, sich einen Hygrostat mit entsprechendem Bereich zu besorgen, ein Magnetventil sowie eine oder entsprechend der Größe des Raumes mehrere Zerstäuberdüsen. Bei Unterschreitung der Luftfeuchtigkeit schaltet der Hygrostat das Magnetventil ein, und die angeschlossenen Düsen versprühen Wasser. In bezug auf die Gleichmäßigkeit der Feuchtigkeit im Raum spielt vor allem der Ort, an dem der Hygrostat angebracht ist, eine Rolle. Allerdings wird oben, wo die Luft wärmer ist, der Feuchtigkeitsgehalt immer geringer sein; es können Unterschiede von 10 % und mehr auftreten.

Es gibt auch perfekte Klimaanlagen, die Luftfeuchtigkeit und Temperatur automatisch regeln. Solche Anlagen sind zwar nicht billig, wenn man aber bedenkt, welche Verluste durch Austrocknen entstehen können, ist eine solche Investition oft sinnvoller als ein aufwendiger Käsekessel.

Beheizung

Notwendig ist eine Beheizung bei sehr kalten Räumen, wenn man die Reifung, die ja bei höheren Temperaturen schneller abläuft, beschleunigen will. Dazu können einfache Heizkörper-Platten verwendet werden, die sich besser reinigen lassen als andere Heizkörper, die an die Warmwasserheizung angeschlossen werden. Wichtig ist, daß der Abstand zum Käse etwa 1 Meter beträgt, damit es zu einer Luftumwälzung kommen kann. Auch hier sollte die Steuerung über Thermostate erfolgen.

Kühlung

Durch Kühlung kann man die Reifung verlangsamen, z.B. um absatzschwache Zeiten besser zu überbrücken. Normale Kühlaggregate sind dazu nicht geeignet;

sie arbeiten mit sehr niedrigen Verdampfertemperaturen, so daß die nötige Luftfeuchtigkeit hier kondensiert und gefriert, die Luft also wieder entfeuchtet wird. Man arbeitet möglichst mit Eiswasser, das mit einem Eiswasserbereiter, eventuell auch mit einem Tauchkühler, erzeugt wird, das dann wie bei der Heizung durch Platten gepumpt wird.

Bauliche Ausstattung

Früher hat man in Reifungsräumen einen eher porösen Putz verwendet, der Feuchtigkeit aufnehmen und abgeben und somit regulierend auf das Raumklima wirken sollte. Da solche Putze jedoch sehr leicht von Schimmel befallen werden, verwendet man sie heute in der Regel nicht mehr. Richtet man sich neu ein, wird man wohl auch für den Reifungsraum gekachelte Räume - praktisch wie in der Käseküche - einrichten müssen. Dafür gibt es in der neuen Milch-VO erste Anzeichen. Wenn man ohnehin künstlich befeuchten muß, ist diese Lösung die praktischste, wenn auch nicht die billigste. Da man auch diese Räume regelmäßig reinigen muß, ist ein Abfluß arbeitssparend. Allerdings wird hier der Fußboden immer etwas nass sein; daher kann das Gefälle geringer sein, so daß die Feuchtigkeit nicht nutzlos abläuft. Hat man einen wirklich feuchten Keller, sollte man versuchen, ihn vorsichtig zu sanieren.

Belüftung

Käse benötigen nur wenig Sauerstoff zum Reifen. Bei Räumen bis etwa 15 qm reicht meist schon das tägliche Türöffnen. Damit eine gewisse Luftumwälzung erfolgt, sollte die sonst dicht schließende Tür unten einen 5-10 mm breiten Spalt haben. Erst bei größeren Räumen und vor allem, wenn Rotschmierekäse hergestellt werden, ist ein Abluftrohr vorzusehen, das verschließbar sein sollte und nur bei Bedarf, z.B. sehr vollem Reifungsraum, geöffnet wird. Eine Entlüftung geht sonst immer zu Lasten der Luftfeuchtigkeit. Vorhanden sein sollte möglichst eine sonst festschließende, größere Klappe, mit der man nach Grundreinigungen, die ja oft mit dem Einsatz von Desinfektionsmitteln verbunden sind, schnell und gründlich lüften kann.

Künstliche Luftumwälzung

In jedem Reifungsraum entstehen Temperaturunterschiede zwischen den oberen und den unteren Luftschichten, die auch zu einer unterschiedlichen relativen Luftfeuchtigkeit führen. Noch größere Unterschiede entstehen, wenn der Raum beheizt oder gekühlt wird. Diese Unterschiede können weitgehend durch einen Deckenventilator ausgeglichen werden, der für eine sehr schwache, kaum spürbare Luftumwälzung sorgt.

Fliegen und Ungeziefer

Der sicherste Schutz gegen unerwünschte Tiere ist absolute Dunkelheit in den Reifungsräumen. Etwa vorhandene Fenster sollte man am besten zumauern, denn zur Lüftung werden sie nicht benötigt. Sinnvoll sind auch Kontrollampen, die ein unnötiges Einschalten der Beleuchtung anzeigen.

Liegt der Reifungsraum weiter von der Käseküche entfernt, sollte immer ein Vorraum vorhanden sein. Kleidungswechsel verhindert die Gefahr, daß auf diese Weise Fliegen eingeschleppt werden. Genauso müssen die Käsetransporte abgeschirmt werden. Das mag vielleicht übertrieben

erscheinen, aber reifender Käse hat auf Fliegen eine ungeheure Anziehungskraft. Sieht man sie bereits im Raum, wird man bald Maden sammeln müssen, was sehr gründlich getan werden muß, denn wenn Maden erst einmal in den Käse eindringen, ist er verdorben.

Lagermöglichkeiten

Borde und Stellagen

Wie man den Käse am besten im Reifungsraum lagert, ist vor allem von der Größe des Käses abhängig. Käse über 5 kg lagert man am besten auf Borden, d.h. auf Holzbrettern. Für Borde verwendet man abgelagertes, möglichst astfreies Fichten- oder Kiefernholz. Buchen- und Eichenhölzer dagegen sind nicht geeignet, da sie den Käse farblich und unter Umständen auch geschmacklich beeinflussen können.

Stellagen kann man entweder aus Holz oder aus Metall oder Beton bauen. Problematisch bei fast allen Materialien im Reifungsraum ist die hohe Luftfeuchtigkeit. Gerade bei Holz besteht die Gefahr von Schimmel, der leicht auch in das Holz selbst einwachsen kann. Solche Infektionen können nur durch massive Reinigungs- und Desinfektionsmaßnahmen wieder entfernt werden. Wird für die Stellage Stahl verwendet, sollte dieser korrosionsgeschützt sein, oder er muß ständig gut unter Farbe gehalten werden.

Für kleinere Käse bieten sich als Alternative Horden aus Kunststoff oder Edelstahl oder auch Kunststoffkästen an. Wichtig dabei ist, daß der Boden, auf dem der Käse liegt, nicht dicht, sondern durchbrochen ist. Damit kommt an den größten Teil der Unterseite Luft heran. Für Käse mit Außenschimmel ist dies ohnehin

Vorbedingung. Aber vor allem auch bei älteren Käse ohne Schimmel wird dadurch die Pflegearbeit erleichtert. Horden/Kästen sind stapelbar; es gibt fertige Untersätze, durch die die Stapel fahrbar werden, so daß die Stapel also nach Bedarf zusammen aber auch wieder auseinander gefahren werden können, beispielsweise zur Käsepflege. So kann man den Reifungsraum zu etwa 70 % nutzen; bei festen Borden sind es nur etwa 30 %. Ein weiterer Vorteil: In Edelstahl und Kunststoff wächst kein Fremdschimmel ein. Sie sind deshalb erheblich leichter zu reinigen, eine zusätzliche Desinfektion ist meist überflüssig. Sie müssen nur abtrocknen.

Salzbad

Ob ein Salzbad überhaupt nötig ist, hängt vor allem von der Größe der Produktion ab. Für die praktische Arbeit hat es viele Vorteile, es kann aber auch zu Problemen führen, die man beim Trockensalzen nicht hat. Voraussetzung für das Salzbad ist eine ständige Temperatur unter 15° C. Es kann deshalb nie in der Käseküche installiert werden, wohl aber unter Umständen im Reifungsraum. Werden diese Bedingungen im Reifungsraum oder in anderen Räumen nicht erfüllt, ist ein besonderer Salzbadraum notwendig, wobei der Raum bzw. das Salzbad künstlich gekühlt werden muß. Einfacher ist meist eine Raumkühlung. Hier können ganz normale Kühlaggregate Verwendung finden. In diesem Raum kann dann auch der frische Käse, am besten noch in den Formen, abkühlen.

Das Salzbad kann gemauert oder aus Beton geschüttet werden. Teilweise wird es danach gekachelt. Es sollte immer einen Ablauf haben. Es können aber auch Kunststoff- und Edelstahlbehälter (salzfest) verwendet werden.

Flache Behälter, etwa 10 cm tiefer als der Käsedurchmesser, werden benötigt, wenn die Käse einzeln in das Bad gelegt werden. Da größere Käse zum Teil länger als 24 Stunden im Salzbad verbleiben, benötigt man auch eine entsprechende Fläche. Werden die Käse dagegen stapelweise samt Horden/Kästen eingetaucht, braucht man eine geringere Oberfläche, dafür aber eine entsprechende Tiefe. Meist ist dann aber ein Flaschenzug erforderlich und damit auch eine bestimmte Raumhöhe.

Beim Trockensalzen spielt die Temperatur keine so große Rolle. Es kann deshalb auch in der Käseküche erfolgen. Die einzige Bedingung hierfür ist, daß die Käse nicht übereinander stehen, da die dann sehr konzentrierte Lake zu Oberflächenschäden führt.

Vorräume

Vorräume sollten vor jeder Käseküche vorhanden sein, also auch beim Reifungsraum, wenn der Zugang nicht aus dem Käseküchenbereich erfolgt. Diese Räume werden oft - besonders, weil es vom Gesetz her vorgeschrieben ist - als enge Korridore gebaut; die dann nur hinderlich sind und eine wertlose Investition darstellen.

Vergrößert man diese Räume, können sie als Leergutraum, Waschraum oder zum Abpacken von reifen Käse dienen. Damit werden die sensiblen Bereiche Käseküche und Reifungsraum entlastet. Nimmt man vom Handel Gebinde oder Mehrwegpackungen zurück, ist ein gesonderter Raum zwingend erforderlich.

Kühlmöglichkeiten

Kühlmöglichkeiten sind immer erforderlich, wenn Frischkäse oder frischkäseähnliche Erzeugnisse hergestellt werden, weil deren natürliche, kurze Haltbarkeit nur durch Kühlung verlängert werden kann. Sie ist auch dann notwendig, wenn kleine, schnell reifende Weichkäse hergestellt werden. Auch sie sind verpackt durch Kühlung länger haltbar zu machen. Bei größeren Käsen kommt Kühlung eigentlich nur dann in Frage, wenn man nicht die Möglichkeit hat, die Reifung durch tiefere Temperaturen zu verzögern. Bei gereiftem Käse kommt es durch Kühlung über längere Zeit immer zu Qualitätsverlusten.

Kühlschrank

Kühlschränke gibt es in Gewerbeausführung bis ca. 1000 l Inhalt. Sie sind dann mit einem Gebläse ausgerüstet, das für eine gleichmäßige Durchkühlung sorgt.

Kühlcontainer

Kühlcontainer gibt es fertig montiert in verschiedenen Größen. Sie sind befahrbar und können oft auch draußen aufgestellt werden. Teilweise sind sie wie Kühlschränke einfach über eine Steckdose anschließbar, teilweise muß das Kühlaggregat an Ort und Stelle montiert werden.

Kühlräume

Kühlräume können selbst gebaut werden; eine gute Isolierung ist dabei sehr wichtig. Da man immer eine Fachfirma für den Einbau der Aggregate benötigt, kann diese über Einzelheiten beraten.

Vor- und Nachteile der Kühlmöglichkeiten

Die Isolierung der meisten Kühlschränke ist nicht besonders gut. Sie müssen regelrecht bepackt werden. Andererseits lassen sich Kühlschränke am einfachsten dem wirklichen Bedarf anpassen. Kühlcontainer können, wenn ein größeres Fassungsvermögen nötig wird, ausgetauscht werden (wenn man sie nicht eingebaut hat). Eventuell kann man sie auch nur für bestimmte Zeiten mieten. Kühlräume sind, wenn man sie selbst baut, bei größerem Bedarf wohl die preiswerteste Lösung. Sie haben nur den Nachteil, daß man sich schon beim Bau, also schon zu Anfang der Produktion, für die richtige Größe entscheiden muß.

Der Rohstoff Milch

Seit mehr als 5000 Jahren verwendet der Mensch die Milch von Kühen als Nahrungsmittel. Bei dem ursprünglich nur zum sofortigen Verzehr - als Futter für Jungtiere - bestimmten Produkt stellte sich damit das Problem der Aufbewahrung und Haltbarmachung. Im Laufe der Jahrtausende haben die Menschen immer neue Methoden der Verarbeitung und Konservierung des Rohstoffs Milch erfunden. Und sie bemühten sich, immer mehr Milch zu produzieren.

Während ein Wild- oder Auerrind noch vor etwa 5000 Jahren jährlich etwa 400 bis 600 Liter Milch im Jahr gab, produzieren die sogenannten Hochleistungskühe heute bis zu 8000 Liter Milch jährlich, d.h. der Mensch hat die Milchleistung der Kühe etwa verzwanzigfacht.

Diese Produktionssteigerung ist nicht unbedingt ein Segen: Heute wird ein großer Teil der EG-Landbauflächen als Weideland benutzt, auf dem Kühe grasen und Milch produzieren - allerdings weitaus mehr, als tatsächlich benötigt wird. Daher werden große Mengen exportiert, in Form von Milchpulver in Entwicklungsländern abgesetzt, oder sie werden als hoch subventionierte „Butter-" oder „Milchpulverberge" einfach eingelagert.

Von der früheren landwirtschaftlichen Milchwirtschaft ist heute nicht mehr viel übrig geblieben. Sie ist, ähnlich wie in Dänemark und Holland, mittlerweile zu einem Industriezweig geworden, in der die Ökologie nur eine untergeordnete Rolle spielt.

Inhaltsstoffe der Milch

In den letzten Jahrzehnten ist allgemein der Eindruck entstanden, die Milch sei ein quasi standardisierter Rohstoff wie viele andere und sie bzw. Erzeugnisse aus ihr könnten fast beliebig lange haltbar gemacht werden. Allerdings vergißt man dabei, daß die Milch ursprünglich - als Nahrung für den Nachwuchs - nur eine ganz kurze Zeit als Vollnahrung diente, da die Jungen unter natürlichen Umständen immer zum Frühjahr, wenn frisches Grün vorhanden war, geboren wurden. Schon nach wenigen Tagen fingen sie selbst an zu fressen und deckten somit einen großen Teil ihres Vitaminbedarfs durch Grünfutter. Milch mußte also niemals eine Vitaminbombe sein, sondern stellte vielmehr ein Ergänzungsfutter mit ständig abnehmender Bedeutung dar. Aus diesem Grund ändert sich ihre Zusammensetzung auch während der gesamten Laktationszeit (die Zeitspanne, in der die Tiere nach der Geburt Milch geben). Und weil die Lebens- und Futterbedingungen regional völlig unterschiedlich waren, gab es bei den einzelnen Tierarten, Untergruppen oder Rassen eine völlig unterschiedliche Milchzusammensetzung, die den spezifischen regionalen Verhältnissen angepaßt war.

Bei der natürlichen Milchverwendung geschah dieses gewissermaßen in einem geschlossenen System: Euter - Zitze - Maul - Magen. Die Milch kam nicht mit Tageslicht in Kontakt, und es gab so gut wie keine Temperaturschwankungen.

Da die Natur sehr rationell ist, hat die Milch keinen Lichtschutz und ist gegenüber Temperaturveränderungen, ob erhitzen oder kühlen, physikalisch ein sehr labiles System.

Abgesehen davon, daß das Fett schon nach kurzer Zeit an die Oberfläche steigt, betrifft diese Empfindlichkeit vor allem das wichtigste Milcheiweiß, das Kasein. Seine Struktur wird weitgehend von angelagerten Salzen bestimmt. Das Salzgleichgewicht ist aber nur bei Körpertemperatur vorhanden. Bei Schwankungen lösen sich Salze aus dem Kasein, oder andere lagern sich zusätzlich an. Man spricht dann von einer Denaturierung des Eiweißes. Alle diese Vorgänge sind reversibel, d.h. durch andere physikalische Maßnahmen kann der Urzustand wieder hergestellt werden. Diese Denaturierung, die durch mechanische Einwirkungen wie Pumpen, Homogenisieren usw. noch verstärkt wird, ist bei allen anderen Milcherzeugnissen eigentlich wünschenswert. Das Kasein wird dadurch dem Albumin, dem Haupteiweiß der menschlichen Muttermilch, ähnlicher und für das menschliche Verdauungssystem - wir haben ja keinen Labmagen wie Kälber - bekömmlicher. Für unser Verdauungssystem wäre die Milch von Pferde- oder Eselstuten im Prinzip passender, weil sie der Muttermilch in etwa gleichen.

Nur beim Käsemachen benötigt man das Kasein in möglichst unveränderter Form. Und hier liegt der große Vorteil einer Hofkäserei: Obwohl man technisch nie mit den konventionellen Käsereien mithalten kann, hat man als großes Kapital eine Milch als Rohstoff, von dem die Groß-Käsereien nur träumen können.

Über die Zusammensetzung der Kuhmilch gibt es viele Untersuchungen und entsprechende Tabellen. Für Kuhmilch sind die Tabellen (siehe folgende Seite) am aussagefähigsten, da hier die Haltung der Tiere weitgehend standardisiert ist. Für Schaf und Ziege dagegen gibt es nicht so viele Untersuchungen, und Fütterung und Haltung sind hier viel individueller. Hinzu kommt, daß auch ausländische Ergebnisse mit berücksichtigt wurden, unter Umständen von völlig anderen Rassen und unter anderen Lebensbedingungen. Deshalb gibt es hier in der Literatur sehr unterschiedliche Angaben.

Eiweißstoffe

Das Kasein

Kasein ist der wichtigste Inhaltsstoff für die Käserei. In der Milch ist es kollidial gelöst, das bedeutet in Form von sehr kleinen Teilchen. Ein Größenvergleich: Fettkügelchen haben einen Durchmesser von ca. 5/1000 mm, sie sind also nicht mehr vom menschlichen Auge erkennbar. Die Kaseinteilchen sind noch 10-100 mal kleiner. Sie können nur mit einem Elektronenmikroskop sichtbar gemacht werden. Diese einzelnen Kaseinteilchen werden Submizellen genannt. Aus ihnen bauen sich die wesentlich größeren Mizellen auf. Je größer diese Mizellen, um so besser scheidet sich später die Molke ab.

Bedeutung des Kalziumgehaltes

Die Größe der Mizellen hängt weitgehend vom Kalziumgehalt der Milch ab. Das Kalzium bildet gewissermaßen das Skelett der Mizellen. Je mehr Kalzium vorhanden ist, um so größer können die Mizellen werden. Der Kalziumgehalt der Milch wiederum ist fütterungsabhängig. Solange die Tiere nur mit dem gefüttert

Inhaltsstoffe der Milch in %

g/100 g	Kuh Ø	Kuh von-bis	Ziege Ø	Ziege von-bis	Schaf Ø	Schaf von-bis	Jersey Ø
Wasser	87,50	86,8-88,3	86,60	85,8-87,4	82,7	81,5-84,1	85,35
Fett	3,78	3,6-3,88	3,92	3,4-5,1	4,2	3,8-6,7	5,05
Eiweiß	3,33	3,1-3,7	3,69	2,9-4,7	5,27	4,95-11,0	3,78
Kasein	2,65	2,45-3,0	2,90	2,85-3,0	4,46	4,29-4,60	k.A.
Albumin	0,51	0,45-0,68	0,79	0,73-0,87	0,82	0,76-1,05	k.A.
Milchzucker	4,75	k.A.	4,85	k.A.	4,67	k.A.	5,00
Salze	0,74	0,67-0,81	0,79	0,7-0,85	0,86	0,82-0,92	0,7

Mineralstoffe in mg/100 g

mg/100 g	Kuh Ø	Kuh von-bis	Ziege Ø	Ziege von-bis	Schaf Ø	Schaf von-bis	Jersey Ø
Natrium	48	40-58	42	34-50	30	28,5-31	k.A.
Kalium	157	144-178	181	135-235	182	174-190	k.A.
Magnesium	12	9-16	14	10-21	11,5	7,5-18,9	k.A.
Kalzium	120	107-133	127	106-192	183	136-200	k.A.
Phosphor	92	63-102	109	92-148	115	80-145	k.A.
Chloride	102	90-106	142	100-198	76	71-92	k.A.

k.A. = keine Angaben

wurden, was auf dem Land der jeweiligen Bauern wuchs, gab es große Unterschiede und bei sauren Böden oft eine Unterversorgung. Bei kalkhaltigen Böden dagegen wurden auch extrem hohe Werte erreicht.

Heute liegen die Werte bei Kühen bei einem Kalziumgehalt von 0,10-0,14 %. Für andere Milchsorten gibt es ähnliche Ergebnisse, allerdings ist die Zufütterung von Mineralien heute die Norm. Und selbst bei Kalziummangel im Futter wird der Gehalt in der Milch relativ stabil gehalten, weil das Tier auf das Kalzium im eigenen Skelett zurückgreift, was natürlich seine Grenzen hat. Bei altmelkenden Tieren sinkt der Kalziumgehalt der Milch immer, was wohl daran liegt, daß das Jungtier sich dann selbst versorgen kann. Aber auch das Alttier ist wieder trächtig und benötigt das Salz für den Embryo.

Käsereitechnisch kann dies bei Schafmilch von Bedeutung sein, da diese Tiere praktisch alle zur gleichen Zeit altmelkend werden. Hier kann der Zusatz von Kalzium in Form von Kalziumchlorid nötig werden. Durch eine Gabe bei der Fütterung läßt sich der Kalziumgehalt der Milch nur in gewissen Grenzen steigern.

	Alpha-Kasein in %	Beta-Kasein in %	Kappa-Kasein in %
Kuh	48-52	34-35,7	12,6-13
Schaf	47-56	28-36	10,6-12,1
Ziege	25-30	52-60	14-20

Die unterschiedlichen Kaseinfraktionen

Das Kasein besteht aus drei Hauptfraktionen: Alpha-Kasein, Beta-Kasein und Kappa-Kasein. Die Werte bei Kuh und Schaf sind etwa gleich, nur die Ziegenmilch mit hohem Beta-Kaseinanteil (siehe Tabelle) fällt aus dem Rahmen. Zudem gibt es noch Unterfraktionen, die zum Teil genetisch bedingt sind und die dazu führen, daß die Milch verschiedener Rassen unterschiedlich gut zu verkäsen sind. Eine Art Schutzfunktion hat das Kappa-Kasein: Es grenzt die Mizelle von den Nachbarmizellen ab. Dazu trägt auch eine elektrische Aufladung der Mizellen bei. Obwohl sie in ungeheurer Zahl im Milchserum herumschwimmen (ca. 10 Billionen je ccm), kommt es nicht zu einem Zusammenkleben und damit zu keiner Flockung. Und als einzige Kaseinfraktion reagiert Kappa-Kasein auf Lab.

Albumin

Albumin enthält mehr essentielle Aminosäuren als Kasein und ist deshalb für unsere Ernährung das wertvollere Eiweiß. In der Rohmilchkäserei spielt es keine Rolle, da es weder durch Säure noch durch Lab zum Gerinnen und Ausflocken gebracht werden kann, also mit der Molke verloren geht. Es weist eine ähnliche Struktur auf wie das Kasein; nur sind die Mizellen viel kleiner und stoßen sich gegenseitig ab.

Bei Temperaturen über 70° C kommt es durch die Abspaltung von Stickstoffverbindungen zu einer Gerinnung. Diese sind für den Kochgeschmack verantwortlich. Ausgeflocktes Albumin ist so fein, daß die Flocken nicht erkennbar sind, sie lagern sich aber an die Kaseinmizellen an und bilden einen pelzartigen Belag. Da dieser das Einwirken des Labes auf das Kappa-Kasein erschwert, benötigt man schon bei der schonenden Kurzzeitpasteurisierung 5-10 % mehr Lab, um gleiche Zeiten zu erhalten wie bei Rohmilch. Aus diesem Grund, weil das Lab nicht mehr an die Kaseinmizelle herankommt, reagiert H-Milch kaum und sterilisierte Milch überhaupt nicht auf Lab.

Albumin reift nicht wie Kasein. Ist es in zu großen Mengen im Käse vorhanden, stört es die Reifung beträchtlich. Deshalb sind auch alle Versuche gescheitert, durch eine starke Erhitzung die Ausbeute zu erhöhen. Schließlich sind etwa 20 % des Gesamteiweißes Albumin.

Anders ist das bei nichtreifendem Käse, Frischkäse und Käse in Salzlake. Hier kann durch starkes Erhitzen die Ausbeute um bis zu 10% gesteigert werden.

Globulin - Zellzahlen

Globulin ist wegen des geringen Anteiles (ca. 0,04 %) in der Milch fast ein Spurenelement und spielt keine Rolle.

Anders ist das bei der Kolostralmilch, der Biestmilch. Dort ist Globulin der größte Eiweißanteil; deshalb ist diese Milch nicht verkäsbar.

Dieser Anteil ist deshalb so hoch, weil mit dem Globulin auch die Immunstoffe vom Muttertier an den Nachwuchs übergeben werden. Gewissermaßen ist das eine natürliche Schutzimpfung.

Probleme entstehen bei Euterkrankheiten. Je nach der Schwere der Erkrankung wird die Milch dann der Kolostralmilch wieder ähnlicher. Das bedeutet, weniger Kasein, mehr Albumin und vor allem Globulin. Mit dem Globulin gibt es auch mehr Immunstoffe, die ähnlich wie Antibiotika die Milchsäurebakterien hemmen, was zu Fehlproduktionen führen kann.

Eutererkrankungen werden durch die Erhöhung der Zellzahlen erkannt. Zellen sind abgestorbene Körperzellen, die mit der Milch ausgeschieden werden. Bis 200.000 Zellen pro ccm ist das völlig normal und bereitet keine Probleme. Bei über 300.000 wird es kritisch. Vor allem,

weil man damit rechnen muß, daß dann auch die Erreger der Euterkrankheiten, also pathogene Keime, vermehrt in der Milch vorhanden sind.

Bei Schafen und Ziegen ist die Zellzahl in der Regel viel höher. Wieweit dies natürlich und krankheitsbedingt ist, ist noch nicht geklärt.

Veränderungen der Milch bei Euterkrankheiten:	
Fett	unter 5-12 %
Eiweiß, gesamt	gleich oder erhöht
Kasein	unter 5-8 %
Albumin, Globulin	über 20 %
Milchzucker	unter 10-20 %
Natrium	über 35 %
Chloride	über 20-35 %
Phosphor	unter 20 %
Kalzium	unter 2-5 %

Das Fett der Milch

Fett ist in Form von Kügelchen enthalten, die von einer Hülle umgeben sind. Die Hülle besteht weitgehend aus Eiweißverbindungen, darunter auch Lezithin. Diese Hüllen sorgen dafür, daß das Fett, wenn es bei höheren Temperaturen ganz flüssig ist, nicht zu sogenannten Fettaugen zusammenläuft. Treten solche Augen auf, ist dies ein Zeichen, daß die Fettkügelchenhüllen beschädigt wurden. Ursache dafür sind meist unsachgemäß installierte Melkanlagen. Dazu gehören falsches Vakuum, lange und zu dünne Absaugleitungen, aber auch zu starkes Rühren und Pumpen von tiefgekühlter Milch.

Das Fett selbst ist ein Mischfett, d.h. es besteht aus Fetten und Ölen mit verschiedenen Schmelzpunkten. Bei Körpertemperatur ist das gesamte Fett flüssig. Beim Abkühlen erstarren die Fette in

Reihenfolge ihrer Schmelzpunkte und bilden Kristalle. Aber selbst bei 0° C bleiben bestimmte Ölanteile flüssig. Die Zusammensetzung des Fettes ist stark fütterungsabhängig. Frisches Gras ergibt ein Fett mit hohem Ölanteil, Steckrüben ein Fett mit wenig Öl und vielen hochschmelzenden Fetten. Die Größe der Fettkügelchen ist bei den einzelnen Tierarten unterschiedlich, grundsätzlich sind sie bei frischmelkenden Tieren am größten:

Größe der Fettkügelchen	
Kuh:	5/1000 mm
Schaf:	10/1000 mm
Ziege:	1/1000 mm

Das Fett ist spezifisch leichter als die übrige Milch und steigt deshalb nach oben - es rahmt auf. Wie stark die Aufrahmung ist, hängt von der Größe der Fettkügelchen ab. Durch das Zusammenkleben der einzelnen Kügelchen zu regelrechten Trauben wird bei Rohmilch der Auftrieb noch vergrößert. Die Erhitzung der Milch über 70° C zerstört diese Klebekraft, und die Milch rahmt weniger auf.

Probleme durch die Aufrahmung
Während der Labzeit, solange noch keine Gerinnung eingetreten ist, findet die Aufrahmung statt, die bei längeren Labzeiten natürlich wesentlich stärker ist. Oben hat man daher immer eine mehr oder weniger fettreiche Schicht. Das Fett aber muß, soll es in den Käse übergehen, vom Eiweiß eingeschlossen werden. Gerade bei Rohmilch ist der Fettanteil in den oberen Schichten jedoch so hoch, daß das Eiweiß nicht reicht. Durch das Verschöpfen kann man diese Fettverluste nur bedingt reduzieren. Auch bei der weiteren Zerkleinerung des Bruches werden Fett-

kügelchen aus der Eiweißumklammerung befreit und entweichen in die Molke. Hierbei spielt eine Rolle, wie stark der Bruch bearbeitet werden muß, welche Art der Bruchbearbeitung man vornimmt und ob es sich um kleine oder große Käse handelt. Beim Verkäsen von Rohmilch muß man daher immer mit einem Fettgehalt der Molke von ca. 1,5 % rechnen. Wäre die Entrahmung der Molke nicht so aufwendig, würde sie sich auch bei kleineren Mengen lohnen.

Fett und die Festigkeit der Käse
Bei Käsen aus Vollmilch macht das Fett etwa 50 % der gesamten Trockenmasse aus. Sein Zustand, ob flüssig oder teilweise erstarrt, hat daher einen Einfluß auf die Festigkeit ganz frischer Rohkäse. Verkäst man ausschließlich ganz frische Milch, ist das Fett zu fast 100 % flüssig.

Während der Bereitung kommt es kaum zu einer Abkühlung und damit zu einer Kristallisation des Fettes. Selbst beim schnellen Abkühlen dauert das Erstarren eine Weile; die Käse sollten hier möglichst lange in der Form abkühlen. Nimmt man sie zu früh heraus, können sie ihre Form nicht behalten und laufen regelrecht auseinander.

Milchzucker
Von den Hauptinhaltsstoffen der Milch ist der Milchzucker der einzige, der in echter Lösung vorliegt. Der Milchzuckergehalt ist in allen Milchen eine relativ konstante Größe; nur Erkrankungen, nicht aber die Art der Fütterung, können zu Schwankungen führen. Beim Käsen spielt er eine Rolle als Nahrung für die benötigten Milchsäurebakterien; er ist immer in ausreichendem Maße vorhanden.

Andere Bestandteile

Arzneimittel

Grundsätzlich darf die Milch von Tieren, die mit Arzneimittel behandelt wurden, eine bestimmte Zeitlang nicht verwendet werden. Dazu gehören auch Mittel, die bei Wurmkuren usw. verwendet werden. Die entsprechenden Fristen sind dem Tierarzt bekannt und stehen bei Mitteln für Selbstbehandlungen auf der Packung. Die Frist beträgt normalerweise 5 Tage; sie kann jedoch gerade bei Antibiotika mit Langzeitwirkung viel länger sein. Besonders Antibiotika führen schon bei sehr kleinen Mengen zu Störungen der bakteriologischen Entwicklung und damit zu krassen Fehlproduktionen. Besonders wenn die Milch nur von wenigen Tieren stammt, d.h. wenn der Verdünnungseffekt gering ist, sollte man lieber einen Tag länger als die vorgeschriebene Frist warten.

Sonstige Verunreinigungen der Milch

Futtermittel, die mit Herbiziden, Fungiziden und Insektiziden belastet sind, führen zu einem dumpfen, muffigen Geschmack in der Milch, der in schlimmen Fällen auch auf den Käse übertragen werden kann. Futtermittel aus der Nähe viel befahrener Straßen belasten den Käse auch mit einem erhöhten Schwermetallgehalt, vor allem mit Blei und Cadmium.

Welche Milch kann man als Hobbykäser verwenden?

Wer selbst keine Milch produziert und trotzdem Käse machen will, muß die Milch entweder auf dem Bauernhof oder im Geschäft kaufen. Wer so Käse macht, darf ihn nicht verkaufen. Dann ist wegen der Sachkunde eine Molkereimeisterprüfung unumgänglich. Nur wer selbst Milch erzeugt, darf selbstgemachten Käse ohne diese Prüfung verkaufen.

Pasteurisierte Trinkmilch läßt sich ohne weiteres verkäsen. Man hat dann eine sehr keimarme Milch, die allerdings kältegeschädigt ist. Man kann sie aber bedingt wieder regenerieren. Eine Homogenisierung schadet nichts bei Käsen bis etwa 1 kg, sie bringt sogar bei camembertähnlichen Käsen eine gewisse Geschmacksintensivierung.

Vorzugsmilch ist weder pasteurisiert noch homogenisiert. Sie wird zwar sehr keimarm gewonnen, ihr Keimgehalt ist aber wesentlich höher als bei Trinkmilch. Da sie fast die gleiche Haltbarkeit wie Trinkmilch hat, ist sie etwa genauso kältegeschädigt.

H-Milch ist für die Herstellung von Labkäsen nicht mehr geeignet, dafür aber für die Herstellung von Frischkäse.

Milch vom Bauern sollte man am besten zu den Melkzeiten abholen. Aber selbst wenn sie schon auf dem Hof gekühlt wird, tritt so kurzfristig keine Kälteschädigung ein. Die Behandlung erfolgt wie ab Seite 66 beschrieben.

Dazu folgende Hinweise: Bauern, die ihre Milch zur Molkerei liefern, dürfen vertraglich keine Milch an Dritte verkaufen. Deshalb scheuen sich manche, zu verkaufen. Allgemein ist das aber die Ausnahme. Besonders biologisch wirtschaftende Betriebe haben oft eine sogenannte Selbstvermarktungsquote und dürfen regulär verkaufen.

Ein Ausflug in die Mikrobiologie

Käsebereitung ist immer weitgehend ein bakteriologischer Vorgang. Mit der Labwirkung und später bei der Reifung spielen auch chemische Umwandlungen eine Rolle. Es sind vor allem Bakterien, aber auch Hefen und Schimmel, also alles Kleinlebewesen, die diesen Prozeß von der Milch bis zum Käse einleiten und bewerkstelligen.

Käsen ist also im Grunde weiter nichts, als für die jeweils gewünschten Kleinlebewesen die günstigsten Lebensbedingungen zu schaffen. Das beginnt mit der Aufbewahrung der Milch nach dem Melken und endet mit den Arbeiten im Reifungsraum.

Milch ist aufgrund des umfassenden Nahrungsangebotes für viele Kleinlebewesen ein geradezu idealer Nährboden. Sie kommt aber, von kranken Tieren einmal abgesehen, weitgehend steril aus dem Euter, wird aber sofort danach infiziert. Da ist die keimreiche Stall-Luft, die benötigten Geräte und Gefäße, die nie die Sterilität eines Operationssaales haben können, vom Stallschmutz einmal ganz zu schweigen. Dabei spielen auch die Außentemperaturen eine Rolle. Bei kalter, trockener Witterung sind die Lebensbedingungen für alle Kleinlebewesen schlechter. Bei warmem, schwülen Wetter explodiert ihre Entwicklung geradezu.

Frische Milch hat nach dem Melken zunächst eine stark bakterizide Wirkung. Die Kleinlebewesen werden dadurch nicht abgetötet, aber in ihrer Vermehrung stark gehemmt. In der ersten Stunde nach dem Melken findet so gut wie keine Vermehrung statt. Danach klingt die bakterizide Wirkung der Milch langsam ab und ist nach 10-12 Stunden fast völlig verschwunden.

Die in die Milch gelangten Kleinlebewesen fangen danach an, sich je nach der vorgefundenen Lebensqualität zu vermehren. Und das geht im Idealfall in einer rasenden Geschwindigkeit vor sich. Keimgehalte von 50 Millionen je Gramm sind z. B. bei Sauermilch keine Seltenheit. Dabei werden die Kleinlebewesen, für die die Bedingungen nicht so optimal sind, von solchen, bei denen alles paßt, regelrecht überwachsen.

Für die Käseherstellung werden vor allem Milchsäurebakterien benötigt. Ihre Nahrung ist der Milchzucker, ihr Stoffwechselprodukt die Milchsäure. Sie bewirken das manchmal gewünschte, aber auch unerwünschte Sauerwerden der Milch.

Milchsäurebakterien sind in der Natur weit verbreitet und sehr anpassungsfähig. Es gibt sie in den verschiedensten Unterarten. *Streptococcus lactis* und *Streptococcus cremoris* werden für die Käse-, Butter- und Sauermilchbereitung eingesetzt, das *Thermobacterium bulgaricum* für die Joghurtherstellung. Andere Unterarten spielen bei der Gärfutterbereitung oder aber bei der Gemüsekonservierung eine Rolle.

Früher waren alle Gerätschaften und Behälter, die ständig mit Milch in Berührung kamen, mit den entsprechenden Milchsäurebakterien behaftet. Die Milch wurde so fast automatisch infiziert. Jahrhundertelang genügte diese natürliche Übertragung, um ohne spezielle Zusätze gute Käse zu produzieren.

Heute ist das nicht mehr so selbstverständlich, weil alles viel steriler geworden ist. Behälter, die früher aus Holz waren, sind heute aus hochglanzpoliertem Edelstahl und damit besser zu reinigen. Wurde früher mit heißem Wasser gereinigt, höchstens mit ein wenig Soda, so wird heute mit speziell für die Milchwirtschaft entwickelten Reinigungsmitteln gearbeitet, und da haben die Milchsäurebakterien keine Überlebenschance. Überleben dagegen können milchfremde, aber gegenüber Reinigungsmitteln besonders resistente Kleinlebewesen, die dann bei der Käsebereitung zu totalen Fehlproduktionen führen können.

Man wird heute also immer besonders gezüchtete Milchsäurebakterien zusetzen müssen. Nach dem Abklingen der bakteriziden Wirkung der Milch kommt es dann zu einer schnellen Vermehrung. Durch die von den Bakterien gebildete Milchsäure wird die Milch in den sauren Bereich geführt, auch wenn dies anfangs mit dem Geschmack noch nicht wahrnehmbar ist. Dadurch werden viele eiweißabbauende Bakterien, die sich nur im alkalischen Bereich entwickeln, gehemmt. Dazu zählen auch die meisten Krankheitserreger.

Diese anfangs sehr stürmische Entwicklung der Milchsäurebakterien wird erst gebremst, wenn mit steigender Zahl die vorhandene Nahrung, der Milchzucker, knapper wird und gleichzeitig durch die steigende Säurebildung alles so sauer wird, daß es den Milchsäurebakterien nicht mehr behagt. Sie ersticken gewissermaßen in den eigenen Stoffwechselprodukten. Dann tritt ein Entwicklungsstillstand ein. Zu diesem Zeitpunkt ist aber der Käse schon fertig, und jetzt beginnt die eigentliche Reifung.

Wer sich mit Milch und Käse beschäftigt, muß sich auch mit den zahlreichen Kleinlebewesen auseinandersetzen. Zum Teil sind diese Mikroorganismen erwünscht, zum Teil unerwünscht.

Zum besseren Verständnis im folgenden das wichtigste zur Mikrobiologie:

Bakterien

Ihre Größe beträgt etwa 1/1000 mm. Sie können rund sein (Kokken) oder auch länglich (Kurz- oder Langstäbchen). Sie leben teilweise alleine, aber auch in Kolonien und Form von Ketten. Manche Arten haben mit feinen Geißeln einen Fortbewegungsmechanismus. Die Lebensläufe werden von einem Zellkern gesteuert. Er enthält auch die Erbanlagen. Sie vermehren sich durch Teilung, Spaltung (Spaltpilze). Eine Teilung kann bei günstigen Bedingungen in 20-30 Minuten erfolgen. Aus einem Bakterium werden so in 10 Stunden etwa 1.000.000. Ihre Fortentwicklung wird durch ständiges Absterben aufgrund von Nahrungsmangel, eigenen Stoffwechselprodukten, aber auch durch das Vorhandensein anderer Mikroorganismen bzw. deren Stoffwechselprodukten begrenzt.

Aerobe Bakterien benötigen zur Entwicklung Sauerstoff.

Anaerobe Bakterien entwickeln sich ohne Sauerstoff. Sind teilweise sehr sauerstoffempfindlich.

Als **grampositiv** bezeichnet man Bakterien, die sich nach einem bestimmten

Verfahren anfärben lassen und damit für mikroskopische Untersuchungen sichtbar werden. Das Gegenteil dazu: **gramnegativ**.

Psychrophil oder auch psychrotroph werden Bakterien genannt, die sich erst ab etwa 10° C richtig vermehren können. Sie sind besonders in tiefgekühlter Milch vorhanden.

Mesophile Bakterien entwickeln sich am besten bei 20-25° C, dazu gehören die normalen Milchsäurebakterien.

Thermophile Bakterien haben ihr Optimum im Bereich 40-45° C, z.B. Joghurtbakterien.

Pathogene Bakterien sind Krankheitserreger.

Als **Toxine** bezeichnet man giftige Stoffwechselprodukte von Kleinlebewesen, z.B. Mykotoxine, Aflatoxine.

Normale Bakterien werden in der Milch bei der **Dauererhitzung** (62-65° C 30 Minuten), der **Kurzzeiterhitzung** (71-74° C 30 Sekunden) und der **Hocherhitzung** (85° C) zu 99,5-99,8% abgetötet. Gegen trockene Hitze sind Bakterien widerstandsfähiger.
Erst mit 100° C Erhitzung über mehrere Minuten erreicht man den gleichen Wirkungsgrad. Durch Kälte werden Bakterien kaum abgetötet. Milchsäurebakterien haben -250° C mehrere Tage überstanden, daraus ergeben sich die bakteriologischen Probleme beim Speiseeis.
Licht, besonders Sonnenlicht, tötet Bakterien schnell ab, daher sollte man die Desinfektion von Geräten, besonders aber Holzbrettern im grellen Sonnenlicht vornehmen. Kulturen sollte man dunkel aufbewahren.

Bazillen sind Bakterien die eine Spore bilden. Diese Sporen sind sehr widerstandsfähig gegen Hitze, teilweise bis zu 140° C. Bei günstigen Lebensbedingungen entsteht aus der Spore wieder ein Bakterium.

Bakteriophagen sind Viren, die Bakterien angreifen und zerstören. Sie sind teilweise in milchwirtschaftlichen Labors ein Problem, das auch bei der eigenen Weiterzüchtung von Kulturen entstehen kann. Gekaufte Kulturen sind normalerweise frei von Phagen.

Viren sind noch viel kleiner als Bakterien. Sie sind deshalb nur mit einem Elektronenmikroskop sichtbar zu machen. Sie sind gefährliche Krankheitserreger.

Milchsäurebakterien sind für die Käserei die wichtigsten Bakterien. Sie kommen in der Natur überall vor. Sie bilden aus verschiedenen Zuckerarten, darunter auch Milchzucker, Milchsäure und andere Nebenstoffe. Sie können auch Eiweiß abbauen und spielen deshalb bei der Reifung und Geschmacksbildung eine Rolle. Der Sauerstoffbedarf ist nicht besonders groß. Es gibt auch anaerobe Arten. Ihr Temperaturbereich liegt im mesophilen und thermophilen Bereich. Sie können stark schleimbildend sein, besonders wenn sie länger in ihrem unteren Temperaturbereich gehalten werden. Das ist eigentlich harmlos, typisch für die Schwedenmilch.
Milchsäurebakterien können auch pathogen sein, z.B. bei Entzündungen aller

Art bis hin zur Hirnhautentzündung. Sie verursachen Hospitalismus und Euterkrankheiten. Alle Arten sind grampositiv.

Propionsäurebakterien entwickeln als Stoffwechselprodukt Propionsäure und Kohlendioxid. Sie sind für die Lochbildung beim Käse verantwortlich. Dazu benötigen sie Milchsäureverbindungen. Sie bilden in den Zellen Vitamin B12. Ihr Gehalt steigt in großen Käsen um das 50-100 fache. Sie können unter aeroben Bedingungen leben, vermehren sich aber erst richtig unter anaeroben Bedingungen. Propionsäurebakterien sind grampositiv.

Coliforme Keime, auch coli-aerogene Gruppe genannt, volkstümlich Schmutzbakterien. Sie bilden aus Milchzucker Kohlendioxid und Wasserstoff. Weil Wasserstoffgas nicht wasserlöslich ist, verursacht es den Frühtrieb beim Käse. Sticht man solche Käse an, brennt das entweichende Gas. Die Gasbildung wird auch zum Nachweis dieser Bakterien benutzt (Colititer). Dabei wird das in einer bestimmten Milchmenge entstehende Gas gemessen, z.B. bedeutet „in 0,1 ml Milch negativ", daß es in dieser Milchmenge keine Gasbildung gab. Diese Bakterien sind säureempfindlich und aerob. Sie kommen überall vor, massiv in Schmutz und Fäkalien. Zu dieser Gruppe gehören Thyphus-, Parathyphus- und Ruhrerreger, also die Salmonellen.

Pseudomonasarten sind psychrophile, also kälteliebende Bakterien. Sie sind sehr säureempfindlich und spielten vor Einführung der Tiefkühlung in der Milchwirtschaft überhaupt keine Rolle. Sie können Eiweiß und Fett abbauen und zu einem ranzigen Geschmack der Milch und auch bei frischem Käse führen. (Siehe S.136) Zum Teil sind diese Bakterien auch pathogen.

Essigsäurebakterien oder Acetobacter bilden Essigsäure. Dazu benötigen sie Alkohol, der in Spuren von Bakterien und vor allem Hefen erzeugt wird, außerdem Säure und Sauerstoff. Besonders in Rohmilchkäse können sie den pH-Wert weit unter 4 bringen. Dann ist der Käse durch Säure konserviert und reift nicht.

Andere Bakteriengattungen

Brucellen (Brucellose) sind pathogen. Erkranken können alle Haustiere, die Krankheit ist aber auch auf Menschen übertragbar. Bei der Herstellung von Rohmilchkäse müssen die Milchtiere brucellosefrei sein.

Mykobakterien sind Erreger der Tuberkulose bei Mensch und Tier. Auch hier sind TBC-freie Bestände erforderlich.

Listerien sind in der Milchwirtschaft erst seit knapp 10 Jahren bekannt. Auch sie sind in der Natur weit verbreitet. Nur die Art *Listeria monocytogenes* führt zu seltenen Erkrankungen. Sie sind wahrscheinlich wie coliforme Keime vor allem in Schmutz, aber auch in schlechter Silage vorhanden.

Clostridien oder Buttersäurebazillen sind Sporenbildner und deshalb durch eine normale Pasteurisierung nicht abtötbar. Sie kommen überall vor, besonders aber in schlechter Silage. Sie bauen Zukker zu Buttersäure und Essigsäure unter starker Gasbildung ab. Dabei entstehen Kohlendioxid und Wasserstoff, was zur Spätblähung beim Käse führt. Daneben können giftige Stoffe entstehen. Folglich sind spätgeblähte Käse als verdorben einzuordnen.

Eine Art *Clostridium botulinum* ist hochgiftig. 1 Gramm ihrer Stoffwechselprodukte kann 20.000 Menschen töten. Botulismus ist eine schwere Nahrungsmittelvergiftung mit hoher Sterblichkeitsrate. Clostridien sind anaerob und grampositiv.

Hefen

Hefen sind größer als Bakterien, etwa 3-10/1000 mm, entweder rund oder etwas länglich. Ihre Vermehrung erfolgt durch Sprossung. Dabei wächst die neue Zelle aus der Mutterzelle heraus.

Bei manchen Arten bleibt eine Verbindung bestehen, so daß Sprossenverbände entstehen. Die Neubildung einer Tochterzelle dauert etwa 1-2 Stunden. Teilweise erfolgt zusätzlich im Inneren der Zelle eine Sporenbildung. Hefen speichern Fett in der Zelle. Es hat Versuche gegeben, so Fett zu gewinnen. Hefen werden durch die Pasteurisierung samt Sporen abgetötet. Man unterscheidet gärende (echte) und nicht-gärende Hefen.

Gärende Hefen bilden aus Zucker Alkohol und Kohlensäure. Als Kulturhefen werden Bier-, Wein- und Bäckereihefen bezeichnet.

Milchzuckerhefen kommen überall vor, wo es Milch gibt. Es handelt sich dabei um echte, also gärende Hefen. Sie sind in den Kefirknöllchen vorhanden, sonst in der Käserei nicht erwünscht. Durch Bildung von Alkoholspuren sind sie auch der Wegbereiter der Essigsäurebakterien. Bei Frischkäse verursachen sie den grauen Belag und einen bitteren Geschmack. Sie sind teilweise stark eiweißabbauend und können bei starker Infektion auch zu Käseblähungen führen. Diese treten später ein als eine durch coliforme Bakterien hervorgerufene Frühblähung.

Torulalopis bilden keine Sporen, aber viel Fett. Sie sind nur teilweise gärend und bauen Eiweiß relativ langsam ab. Sie sind sehr salzfest und kommen deshalb in alten Salzbädern massenhaft vor. Dadurch kann eine weiße Schmiere besonders auf Weichkäsen entstehen, die z.B. das Anwachsen von Weißschimmel stark behindert.

Kahmhefen sind nicht-gärend. Typisch ist für sie eine starke Hautbildung auf sauren Flüssigkeiten, auch auf Salzbädern. Sie bauen sehr stark Säure, auch Milchsäure ab, entsäuern damit die Oberfläche des frischen Käses und bereiten die Oberflächenreifung vor. Der Säureabbau durch Kahmhefen kann auch so weit gehen, daß sich Fäulnisbakterien entwickeln können (Käsekrebs). Ebenso sind sie stark eiweißabbauend. Bei starken Infektionen kann es in den Randbereichen der Käse zu einer Verflüssigung kommen.

Schimmel

Während Bakterien und Hefen aus einer Zelle bestehen, sind Schimmel schon mehr- oder vielzellige Lebewesen. Sie sind wesentlich größer. Ihr verzweigtes Myzelsystem ist mit dem Auge sichtbar und oft farbig. Sie besitzen auch Fortpflanzungszellen und können sich geschlechtlich, aber auch außergeschlechtlich vermehren. Sie haben oft hervorstehende Fruchtstände mit den Sporen-Konidien, damit sie durch Luftzug verteilt werden. Schimmelinfektionen treten sehr oft durch die Luft auf. Insgesamt gibt es sehr viele Arten, die in der Regel sehr anspruchslos sind. Besonders Sporen können sehr lange ohne Nahrung und Feuchtigkeit überleben. Allgemein aber werden Schimmel und Sporen durch eine Pasteurisierung abgetötet. Alle Schimmel benötigen Sauerstoff. Schimmel können zwar besonders Fett, aber auch Eiweiß abbauen. Dabei können starke Gifte, Toxine wie Mykotoxine und Aflatoxine, entstehen. Bis auf einige wenige Arten, die sogenannten Edelschimmel, sind alle anderen Schimmel in der Käserei mehr oder weniger schädlich.

Monilia-Arten sind im Grunde noch ein Übergang von Hefen zum Schimmel. Sie sind sehr flach und immer starke Fettzersetzer. Teilweise sind sie schwarz und als solche oft auf der Rinde trockener Käse. Teilweise sind sie auch pathogen.

Der weiße Milchschimmel (Geotrichum) ist den Monilia-Arten sehr ähnlich. Deshalb ist auch dieser Schimmel sehr schwach und dünn. Er benötigt einen sauren Nährboden. Deshalb kommt er oft auf saurer Milch und eigentlich immer auf frischen und später reifenden Käsen vor. Er entsäuert anfangs die Oberfläche, meist zusammen mit den Kahmhefen. Für diesen Zweck wird er auch als Kultur eingesetzt. Eine Unterart bildet einen intensiven roten Farbstoff. So können größere rote Flecken auf den Käsen ent-

stehen. Da der Schimmel an diesen Stellen die Rinde abbaut, ist er Mitverursacher von Käsekrebs (siehe Seite 128).

Typisch für den **Penicillium-Schimmel** ist, daß er pinselartige Fruchtstände bildet, er wird deshalb auch Pinselschimmel genannt. Auch hier gibt es viele verschiedene Arten. Dazu gehören zwar auch Kulturschimmel, aber von der Zahl her dominieren die Schädlinge.

Penicillium candium ist ein fast schneeweißer Schimmel, der bei günstigen Verhältnissen stark wuchern kann. Trotzdem baut er nur mäßig Fett und Eiweiß ab. Durch ihn entsteht der sogenannte Champignon-Geschmack, wobei man mehr von Champignongeruch sprechen muß. Als Kultur gibt es diesen Schimmel in verschiedenen Arten, die sich im Wachstum, Fett- und Eiweißabbau und in ihrer Salzfestigkeit unterscheiden, wobei er auf Käse mit 2-3 % Salzgehalt besser wächst. Der Schimmel kann bis 20 % Salz vertragen und wird deshalb auch dem Salzbad zugesetzt. Sein Optimum liegt bei 16-20° C. Aber er wächst auch gut bei Temperaturen um 8-10° C. Er benötigt eine Luftfeuchtigkeit von mindestens 80%, wächst aber bei 90% und mehr besser.

Penicillium camemberti ist der sogenannte blaue Camembertschimmel. Er ist anfangs weiß und verfärbt sich dann blaugrünlich. Er soll ein noch feineres Aroma bilden. Er wird relativ selten verwendet, weil ein älterer Käse unansehnlich wird und man Infektionen mit Fremdschimmel schlechter erkennen kann.

Penicillium roqueforti wird als Kultur für den Roquefort, Edelpilzkäse, Gorgonzola, Stilton usw. verwendet. Dieser Schimmel ist stark fettzersetzend, baut aber auch Eiweiß ab. Die Kombination ergibt den typischen Geschmack. Der Schimmel kann grün bis blaugrün aussehen. Dadurch ist er schwer von Fremdschimmel zu unterscheiden. Es darf deshalb nur mit einer Kultur gearbeitet werden. Er entwickelt sich auch noch bei tiefen Temperaturen bis ca. 5° C. Deshalb kann seine Entwicklung erst durch Temperaturen um 1° C effektiv gebremst werden.

Penicillium commune ist ein ebenfalls grüner Schimmel, der später grau wird. Er ist sehr weit verbreitet, z.B. in feuchtem Heu und Stroh, in feuchten Räumen. Er ist Verursacher des typisch unangenehmen Schimmelgeruches. Er baut Fett sehr stark ab. Er wächst sehr gut auf allen Käsen, und bei nicht geschlossener Rinde wächst er tief in den Käse. Er ist schwer vom Penicillium roqueforti zu unterscheiden. Da, wie gesagt, schon eine Infektion der Milch durch Futtermittel erfolgen kann, ist die Herstellung von Edelpilzkäse usw. aus Rohmilch sehr problematisch.

Der falsche Camembertschimmel (*Penicillium bruneo-violacum*) ist geruchlos und anfangs weiß, dann wird er grün. Dabei bildet sich auf der Käseoberfläche ein violetter Fleck.

Der Arsenpilz (Penicillium brevicaule) unterscheidet sich kaum vom Penicillium candium. Nur in Ausnahmefällen gibt es eine dunkelbraune Gattung. Er ist sehr stark eiweißabbauend und sehr giftig. Er benötigt immer Spuren von Arsen die früher vor allem im Verpackungs-material vorhanden waren. Weil das heute nicht mehr der Fall ist, ist dieser Pilz ziemlich bedeutungslos.

Andere Schimmelarten

Cladosporium wird auch Schwärzepilz genannt. Er verfärbt sich grünschwarz und ist oft an den Wänden von Reifungsräumen und auch auf Käse zu finden. Er hinterläßt schwarze Flecken, auch wenn er abgewaschen wird, und ist stark fettabbauend.

Aspergillus wird auch Gießkannenschimmel genannt, weil seine Fruchtstände so aussehen.

Keimzahlen in der Milch

Die Milch kommt bei gesunden Tieren praktisch keimfrei aus dem Euter. Nur die im Strichkanal angesiedelten Keime gelangen mit in die Milch. Das sind ca. 50 Keime/ccm. Nur gleich beim Beginn des Melkens ist sie deshalb etwas keimreicher, deshalb soll man vormelken, auch zur Euterkontrolle.

Bei der natürlichen Verwendung der Milch auf dem Weg Zitze-Maul kommt es zu keiner weiteren Vermehrung.

Eine Anreicherung konnte nur durch die Verschmutzung des Euters erfolgen. Auch hier hat die Natur vorgesorgt. In der Milch ist der Hemmstoff Laktenin. Er verhindert etwa eine halbe Stunde nach dem Saugen/Melken jeden Keimzahlanstieg. Danach klingt die Wirkung ab. Sie würde sonst, ähnlich wie Antibiotika, die Verdauung beim Jungtier beeinträchtigen.

Danach aber hat die Milch keinen Schutz mehr. Kleinlebewesen aller Art können sich, begünstigt durch die wertvollen Inhaltsstoffe der Milch, praktisch ungehindert vermehren.

Wenn dann bei der Molkerei heute Keimzahlen um die 70.000/ccm noch als besonders gut eingestuft werden, zeigt es den im Grunde ungeheuren Keimanstieg beim Melken. Denn die sofortige Tiefkühlung bremst ja einen weiteren Keimanstieg bei der Lagerung beträchtlich. (Tiefkühlung bedeutet Temperaturen unter 8° C, meist 4-6° C. Kühlung heißt Temperaturen über 8° C.)

Und welche Keime dabei in die Milch kommen, ist Zufall. Fast alle Keime können in der Milch leben. Sie entnehmen ihr ihre Nahrung, und diese besteht nicht nur aus Milchzucker, Eiweiß oder Fett. Sie benötigen auch Vitamine, Spurenelemente, vermindern also bei hohen Keimzahlen auch den Wert der Inhaltsstoffe.

Zwangsläufig müssen sie wiederum ihre Stoffwechselprodukte in die Milch abgeben. Die Milchsäure der Milchsäurebakterien wird ja meist technologisch benötigt. Andere Keime produzieren sogar Vitamine. Aber solche Stoffwechselprodukte können sowohl für die Erzeugnisse, als auch für den Menschen schädlich, sie können sogar starke Gifte sein.

In der Molkerei werden die in der Milch vorhandenen Keime durch die Pasteurisierung zu 99,5% abgetötet. Man kann dann praktisch bei Null wieder mit neu zugesetzten Kulturen beginnen.

Auch ein Großteil der Stoffwechselprodukte werden zerstört. Aber trotzdem bereiten die intakt gebliebenen Stoffwechselprodukte auch dort Probleme.

Wird Rohmilch verkäst, muß man sowohl mit den Keimen als auch mit ihren Stoffwechselprodukten leben. Und weil die Käsereifung ein weitgehend bakteriologischer Vorgang ist, sind Fehlproduktionen dann leicht vorprogrammiert.

Niedrige Keimzahlen - eigentlich kein Problem

Die gesetzlichen Vorschriften der Milch-VO schreiben einiges vor, was die Keimzahlen in der Milch reduziert. So müssen die Plätze, auf denen Tiere gemolken werden, desinfizierbar sein. Damit scheidet Holz, das besonders bei Melkständen für Ziegen und Schafe üblich ist, aus. Der Vorteil dieser vorgeschriebenen Stände ist es, daß sie sich leicht reinigen lassen.

Die Melkstände müssen vom Stall abgegrenzt sein. Denn schon gutes Heu enthält viele Schimmelsporen, schlechtes enthält Unmengen davon. Bei der Verfütterung von Silage erfolgt die Infektion der Milch mit Buttersäurebazillen, die später zu gefährlichen Blähungen der Käse führt, ausschließlich durch Luft und Schmutz. Abgrenzung und Sauberkeit können das fast zu 100% verhindern, so daß man auch im Winter große Käse machen kann, ohne Nitrat zusetzen zu müssen. Ein Problem bleiben Anbindeställe, wo auf dem Stand gemolken werden muß.

Mögliche Infektionswege der Milch
1. durch Schmutz, in geringem Maß auch durch die Luft, insbesondere staubende Futtermittel.

Deshalb müssen die Euter vor dem Melken gut gereinigt und vor allem wieder gut getrocknet werden. Die Haare im Melkbereich sollten kurzgeschoren und nasse Tiere in diesem Bereich getrocknet werden. Daß vor dem Melken der Mist entfernt werden muß und dann keine staubenden Futtermittel gefüttert werden dürfen, stand schon in der Milch-VO von 1932.

2. durch ungenügend gereinigte Melkanlagen.

Grundsätzlich können Melkanlagen, gleich welcher Art, nur mit den dafür vorgesehenen Reinigungs- und Desinfektionsmitteln einwandfrei gereinigt werden, wobei auch die Einhaltung der Temperaturen wichtig ist.

Verunreinigungen aus Milch lassen sich immer schwer entfernen, weil sie aus vier grundverschiedenen Substanzen besteht: Fett, Eiweiß, Zucker und Salzen.

Hinzu kommt, daß wegen der vielen Gummiteile nur ganz bestimmte Mittel für die Reinigung geeignet sind. Rissig oder porös gewordene Gummiteile lassen sich überhaupt nicht mehr reinigen und müssen deshalb ausgewechselt werden.

Aber selbst mit diesen Mitteln bekommt man Melkanlagen nie steril, aber die milchberührenden Teile auch nie richtig trocken. Und da beginnt das Problem: Während der 10 Stunden zwischen den Melkzeiten, meist bei Stalltemperaturen, wird dann aus jedem Wassertropfen eine Keimbombe mit Milliarden von Kleinlebewesen. Beginnt man ohne weitere Vorreinigung mit dem Melken, ist eine hohe Keimzahl vorprogrammiert.

Möglichkeiten, die Keimzahlen zu verringern:

1. Zu einer starken Verringerung der Keimzahlen kommt man schon, wenn alle Anlagenteile vor dem Melken unter Ausschaltung des Pulsators kräftig mit kaltem Wasser durchgespült werden.

Nur bedingt bessere Werte erhält man bei der Verwendung von Heißwasser. Es sei denn, es tritt mit Temperaturen von ca. 80° C wieder aus und hält diese Temperatur mindestens 5 Minuten. Das gleiche gilt für Dampf. Auch dann ist die Wirkung sehr zeitabhängig und noch aufwendiger: man benötigt einen Dampferzeuger. Hinzu kommt, daß bei diesen Temperaturen die Gummiteile in Mitleidenschaft gezogen werden.

2. Desinfektionsgang vor dem Melken. Bei vielen ausländischen Melkanlagen gehört dieser Gang zur Standardausrüstung. Man benötigt keine so hohen Temperaturen, dafür aber Chemikalien, und es muß gründlich nachgespült werden.

3. Reinigung vor dem Melken. Dabei wird die Anlage nach dem Melken gründlich durchgespült und dann voll Wasser stehen gelassen. Noch besser ist es, wenn man schon Reinigungsmittel kalt in die Anlage fährt. Vor dem Melken erfolgt dann die eigentliche Reinigung. Diese Methode erfordert im Grunde den geringsten Aufwand.

4. Bei sehr modernen Melkanlagen und Reinigungsverfahren genügt auch das Reinigen nach dem Melken und Spülen mit kaltem Wasser vor dem Melken.

Arbeitet man so, sind Keimzahlen unter 10.000 keine Illusion.

Warum braucht man niedrige Keimzahlen?

Man hat jahrhundertelang Käse aus Rohmilch gemacht und macht es zum Teil heute noch. Immer hat man gewußt, wie wichtig die Milchqualität dabei ist. Die Milch wurde sofort nach dem Melken zur Molkerei gebracht oder verarbeitet. Bei Bergkäse, Emmentaler und anderen Hartkäsen waren die Anforderungen an die Milch höher als bei Vorzugsmilch.

Oft stand der Zustand der Käsereien im Widerspruch dazu, teilweise ist das noch heute so. Nur, diese alten Käsereien waren voller Kleinlebewesen, die dann zu ganz bestimmten Käsen führten. Selbst in neuerer Zeit hat man deshalb bewußt auf den Einsatz von Reinigungs- und Desinfektionsmitteln verzichtet. Andererseits wurde, das erkennt man erst beim näheren Hinschauen, überall, wo es wirklich darauf ankam, sehr penibel gearbeitet.

Solange nur von Hand gemolken wurde, waren aber auch rund 70 % der Milchkeime sogenannte Milchsäurebildner, die allerdings hinsichtlich der mengenmäßigen Zusammensetzung völlig artverschieden waren. Aber dieser Besatz reichte, um ohne Kulturen Käse zu machen, wobei natürlich auch viel Erfahrung in der Bereitung vorhanden war. Trotzdem konnte man nicht verhindern, daß es unterschiedliche Produktionen gab.

Nur konnte man, solange Lebensmittel und damit auch Käse im Verhältnis zum Einkommen sehr teuer waren, neben der ersten auch eine zweite Qualität gut verkaufen. Und früher war auch die Verarbeitung zu Schmelzkäse noch wirtschaftlich gewinnbringend.

Heute aber lohnt sich nur noch die Herstellung erstklassiger Qualitäten. Und auch bei der Milch hat sich vieles geändert. Weil in den letzten Jahren alles viel steriler geworden ist, ist der Anteil der Milchsäurebakterien ständig gesunken. Nach Untersuchungen in der Schweiz enthält die Anlieferungsmilch der Molkereien dort noch durchschnittlich ca. 150 Milchsäurebakterien pro ccm Milch. Bei einem Keimgehalt von durchschnittlich 40-50.000 müßten es nach alten Vorstellungen 20-30.000 Milchsäurebakterien sein.

Und noch etwas hat sich grundlegend geändert. Heute ist es unvorstellbar, daß man wie bis vor 40 Jahren noch Brot einfach und absichtlich verschimmeln ließ, um dann diesen Schimmel als Kultur für Käse mit Innenschimmel, wie Edelpilzkäse, Roquefort, Stilton usw. zu verwenden. Das war seit Jahrhunderten üblich. Die Franzosen, die solchen Käse besonders lieben, hätten nach unseren heutigen Vorstellungen längst ausgestorben sein müssen.

Das ist augenscheinlich jahrhundertelang kein Problem gewesen. Aber seitdem unser Leben immer hygienischer, immer steriler geworden ist und von Kind an massenhaft Arzneimittel eingesetzt werden, sind die Abwehrkräfte unserer Körper wohl so geschwächt, daß neue Probleme auftreten.

Beispiel dafür ist, daß die Zahl der Salmonellenerkrankungen ständig ansteigt, obwohl es bei den Lebensmitteln von der Herstellung bis hin zum Haushalt noch nie so steril war. Listerien hat es immer gegeben, galten aber bis vor 10 Jahren in der Milchwirtschaft überhaupt nicht als erwähnenswert. Jetzt sind sie es, weil die Immunschwäche beim modernen Menschen wohl obligatorisch ist.

Allergien, vor 50 Jahren fast unbekannt, sind heute so etwas wie eine Volksseuche. Und man sage nicht, daß Lebensmittel früher völlig unbelastet waren. Es gab kaum Kühlmöglichkeiten, geschweige denn eine geschlossene Kühlkette. Die bakteriologische Belastung war deshalb viel höher.

Aufgrund dieser Erfahrungen darf man Hygienikern und Medizinern keinen Vorwurf machen, wenn sie Rohmilcherzeugnissen häufig zumindest skeptisch gegenüberstehen. Sie können Tatsachen anführen, die man nicht mit einer Handbewegung, schon gar nicht mit einem Hinweis auf die gute alte Zeit, vom Tisch fegen kann.

Wohl aber läßt sich durch sehr viel Hygiene bei der Gewinnung und Verarbeitung von Rohmilcherzeugnissen dieser Argumentation den Wind aus den Segeln nehmen.

Problem Silagemilch

Silage ist, gute Qualität vorausgesetzt, ein wertvolles Futtermittel. Schon aus arbeitstechnischen und witterungsbedingten Gründen können viele Betriebe nicht darauf verzichten.

Geschmacklich ist für die Käsebereitung jede einseitige Fütterung negativ. Durch die Käsebereitung selbst kann das wenig korrigiert werden.

Gegen Silage als Teil des Futters ist im Prinzip nichts einzuwenden. Das Hauptproblem dabei sind die Clostridien, die Buttersäurebazillen. Sie verursachen im Käse die Spätblähung, weil die Bazillen, ähnlich wie coliforme Bakterien, stark gasbildend sind.

Da sie aber anaerob, also stark sauerstoffempfindlich sind, beginnt ihre Entwicklung erst, wenn der Käse durch die Reifungsvorgänge sauerstofffrei geworden ist. Weil dies in der Käsemitte zuerst der Fall ist, beginnt hier die Gasbildung.

Besonders bei unelastischen Käsen kommt es durch den Gasdruck in der Mitte zu einem regelrechten Durchreißen der Käse. Nur zur Rinde hin, wo noch Sauerstoff vorhanden ist, halten die Käse zusammen.

Eine andere typische Erscheinung bei weicheren Käsen ist eine kegelförmige Aufblähung in ihrer Mitte. Allerdings wurde dann der Käse zuwenig gewendet, denn sonst bläht der ganze Käse.

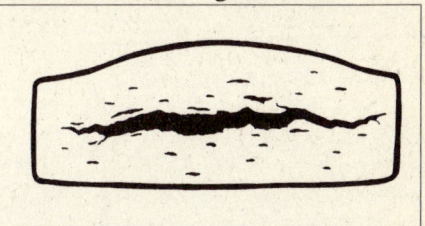

Starke Form der Spätblähung bei festen Käsen

Wegen der Sauerstofffreiheit treten diese Blähungen etwa nach 2-3 Wochen auf. Durch Abklopfen ist es schon Tage früher an einem dumpfen Klang zu hören.

Solche Käse gelten heute als nicht verkehrsfähig und dürfen offiziell nicht einmal zu Schmelzkäse verarbeitet werden.

Käsereitechnisch kann man dem nur durch die Herstellung weicher und flacher Käse, mit einer maximalen Höhe von 3 cm, begegnen, also Käse, die im Inneren nie sauerstofffrei werden.

Daß die Infektionen mit Buttersäurebazillen auch eine Frage der Melkhygiene sind, wurde schon erwähnt.

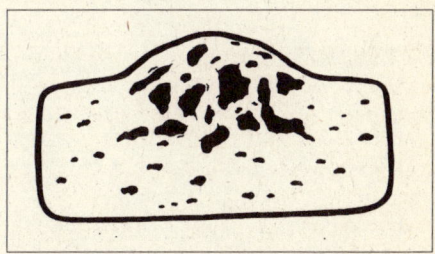

Spätblähung bei weicherem Käse

Einfache Milchuntersuchungen

Man hat Käse jahrhundertelang ohne jede Untersuchungsmöglichkeit gemacht, und das ist auch heute noch möglich.

Die Qualität des Ergebnisses hängt dann weniger von der Beherrschung der Technik ab, als vom Einsatz der eigenen Sinne, also sehen, riechen, schmecken und fühlen, und gerade als Anfänger sollte man diese Sinne schulen.

Selbst Untersuchungen können diese Wahrnehmungen nie ersetzen, höchstens ergänzen. Hinzu kommt, das viele Untersuchungsergebnisse erst vorliegen, wenn der Käse längst fertig ist. Auf der anderen Seite gibt es heute eine Reihe sehr einfacher Untersuchungsverfahren, die sicher hilfreich sein können.

Weinzirlprobe

Wegen der verbreiteten Silagefütterung hat diese Untersuchung eine Bedeutung, weil damit festgestellt werden kann, ob Buttersäurebazillen (Erreger der Spätblähung siehe S.53) in der Milch sind.

Ausführung:

Ein Reagenzglas wird zu etwa 4/5 mit Milch gefüllt. Hinzu kommt 1-2 g Käsewachs mit einem Schmelzpunkt von mindestens 52° C. Solches Wachs gibt es auch in Apotheken.

Diese Probe wird 15 Minuten auf 85 - 90° C erhitzt. Dann läßt man sie abkühlen. Das Wachs erstarrt und schließt die Milch luftdicht ab. Dabei bildet sich eine kleine Luftblase, weil die Milch weiter abkühlt und ihr Volumen verringert.

Diese Probe soll dann 7 Tage bei 38° C bebrütet werden. Man kann die Probe aber auch drei Wochen bei Zimmertemperatur aufbewahren. Dann soll sich die Luftblase nicht vergrößert haben. Bei starken Infektionen kann der Wachspfropfen sogar richtig angehoben werden.

Da spätgeblähte Käse heute als verdorben gelten, sollte man diese Proben, bevor man mit der Herstellung größerer Käse beginnt, über einen längeren Zeitraum durchführen.

Gärprobe

Die Gärprobe ist eine einfache Probe, mit der die bakteriologische Qualität der Rohmilch getestet werden kann.

Ein Reagenzglas wird zu 4/5 mit Milch gefüllt, mit einem Wattebausch verschlossen und dann 24 Stunden bei 37° C bebrütet.

Die Milch soll dann glatt geronnen sein, es kann sich auch schon etwas Molke abgesetzt haben. Ist aber ein schon grobflockiges Gerinnsel mit weißlicher Molke oder gar mit vielen Gasbläschen vorhanden, ist die Milch für Rohmilchkäse nicht mehr geeignet. Damit kann man prüfen, wie die eigene Vorreifung funktioniert.

Bakteriologische Untersuchungen

Für die Keimzahlbestimmung einen sehr einfachen Test, bei dem man ohne

Labor auskommt. Er ist unter anderem zu beziehen bei:
Hygicult, Schülke und Mayr
Heidbergstr. 100
22846 Norderstedt.

Brutschrank

Bei allen diesen Untersuchungen ist ein Brutschrank zweckmäßig, das gilt auch für das Kulturenzüchten. Dazu ist ein alter Kühlschrank leicht umzubauen. Man benötigt einen Heizungsthermostat und eine Glühbirne mit 60 Watt, möglichst in einer Kellerfassung. Durch den Thermostat wird dann die Lampe ein- und ausgeschaltet. Ihre Wärme reicht.

Bestimmung von SH- oder pH-Wert

Diese Begriffe werden oft in der Fachliteratur erwähnt.

Es handelt sich dabei um zwei völlig unterschiedliche Untersuchungsverfahren, deren Ergebnisse auch nicht vergleichbar sind, wobei etwas irreführend ist, daß frische Milch sowohl einen SH-, als auch pH-Wert von ca. 6,8 hat.

SH-Wert

Bei der Untersuchung nach SH (Soxlet-Henkel) wird die in der Milch enthaltene Säure durch Natronlauge neutralisiert. Ein Indikator zeigt den Neutralpunkt an. Dabei werden auch die sauren Aminosäuren des Milcheiweißes mit erfaßt. Hat eine Milch ca. 7 SH, so wird man in der vom Kasein befreiten Molke nur noch einen SH-Wert von ca. 4,7 haben. Deshalb kann durch eine Modifizierung dieser Untersuchung auch in etwa der

Eiweißgehalt der Milch festgestellt werden. Er wird dann als Eiweißtiter bezeichnet.

Der pH-Wert

Der pH-Wert beruht dagegen auf einer Messung der Wasserstoffionenkonzentration. Sie beträgt bei völlig neutralen Substanzen $1:10^7$. Deshalb gilt bei Neutralität der pH-Wert 7. Er sinkt bei saureren Substanzen bis ca pH 1 und steigt bei stark alkalischen bis pH 14.

Hier besteht also schon der grundsätzliche Unterschied, je mehr eine Milch säuert, um so höher wird ihr SH-Wert und um so niedriger der pH-Wert.

So hat eine Milch etwa 45 SH-Grade und einen pH-Wert von ca 4,5. Das zeigt auch, daß bei einer SH-Untersuchung die Abstufung viel feiner sein kann, weil auch eine Ablesung der 1/10 Grade möglich ist.

Für genaue Untersuchungen sollte das pH-Meßgerät zweistellig hinter dem Komma anzeigen und eine geringe Fehlerquote haben. Deshalb sind pH-Streifen für diesen Zweck auch zu ungenau. Andererseits bringen pH-Meßgeräte bei richtiger Anwendung konkrete Ergebnisse. Bei der SH-Bestimmung ist das Erkennen des Umschlagpunktes immer etwas subjektiv.

Die SH-Bestimmung

Für die SH-Bestimmung gibt es fertige Geräte. Sie bestehen aus einer Bürette, in SH-Grade eingeteilt, mit automatischer Nullpunkteinstellung. Sie sitzt auf einem Behälter zu Aufnahme der Natronlauge, der meist aus Kunststoff ist, so daß durch Drücken die Bürette gefüllt wird. Die Gradeinteilung ist meist für 25 ccm Milch. Das steht an der Bürette.

Als Chemikalien benötigt man: 1/4 n Natronlauge und eine 2% alkoholische Phenolphatlein-Lösung.

Mit einer Pipette werden dann 25 ccm Milch abgemessen und 1 ccm Phenolphtalein. Beides wird in einem Becher gemischt, dessen weiße Farbe das Erkennen des Umschlagpunktes erleichtert.

Dann, bei ständigem Schütteln der Milch, Natronlauge aus der Bürette zutröpfeln lassen, bis eine leichte Rosa-Färbung zu erkennen ist. Dann kann der SH-Wert abgelesen werden.

Die Erkennung des Umschlagpunktes wird erleichtert, wenn die Untersuchung bei ständig gleicher Beleuchtung erfolgt. Für diese Untersuchung eignen sich nur Flüssigkeiten, also Milch, Sauermilch oder Salzlake.

Eine Untersuchung von Frischkäse ist möglich, wenn man 1 Teil Käse in 9 Teile Wasser auflöst und das Ergebnis dann mit 10 multipliziert.

Diese Untersuchung kann man auch ohne einen Säuregradmesser, also mit einer Meßpipette ausführen. Die Chemikalien sind die gleichen. Dabei entspricht bei der Verwendung von 100 ccm Milch und 4 ccm Phenolphtalein, 1 ccm verbrauchter Natronlauge 1 SH-Grad.

pH-Messung

pH-Meßgeräte gibt es in verschiedenen Ausführungen. Vor allem wenn man genaue Untersuchungen machen will, kommt es auf eine entsprechende Präzision an.

Wichtig ist, daß das Gerät vor der Messung richtig geeicht ist. Ansonsten ist die Anwendung (Gebrauchsanweisung beachten) einfach. Außer in Flüssigkeiten kann durch Spezialelektroden auch der pH-Wert des Käses gemessen werden. Dadurch ist eine Kontrolle des Reifungsverlaufes möglich.

Die anderen Zutaten

Das Lab

Neben der Milch ist das Lab der wichtigste Stoff für die Käsegewinnung. Legenden berichten davon, daß Nomaden in Zentralasien beobachteten, wie die Milch in den Mägen geschlachteter Jungziegen zwar geronnen war, aber noch süß schmeckte. Zufällig entdeckten sie auch, daß derselbe Effekt auftrat, wenn sie Milch in Beutel füllten, die aus den Mägen dieser Tiere hergestellt waren. Das war wohl die Geburtsstunde der Labkäserei.

Unter dem Begriff Lab faßt man Enzyme zusammen, die die Milch im süßen Zustand gerinnen lassen. Es stammte ursprünglich ausschließlich aus den Labmägen ganz junger Kälber und Lämmer.

Industriell hergestelltes Lab wurde meist aus Kälbermägen gewonnen. Der dabei wichtige Wirkstoff heißt Chymosin.

Durch die veränderte Kälberaufzucht mit anderen Futtermitteln wie Milch wurde aber die Labausbeute immer geringer und das Lab entsprechend teuer. Da bekannt war, daß auch andere Enzyme die Milch dicklegen, wurde nach Ersatzstoffen gesucht. Das war nicht so einfach, weil das Lab ja später auch an der Reifung beteiligt ist.

Labaustauschstoffe auf pflanzlicher Basis und die aus Trypsin bzw. Chymo-

Ursprung	Wirkstoff	Beeinflussung der Reifung
tierische Labstoffe	Chymosin	gilt als Maßstab
	Pepsin	verlangsamt
	Trypsin	wirken sehr intensiv
	Chymotrypsin	wirken sehr intensiv
bakterielle Labstoffe	Mucor pusillus	beschleunigen
	Mucor miehei	beschleunigen
	Endothia parasites	beschleunigen
pflanzliche Labstoffe	Papain	sehr intensiv
	Ficin	sehr intensiv
	Bromelin	sehr intensiv

Übersicht über das Labangebot

trypsin werden in der Praxis nur in Ausnahmefällen verwendet. Durch ihre intensive Wirkung kommt es fast immer zu einem bitteren Geschmack im Käse. Es kann auch passieren, daß sich die Gallerte praktisch wieder auflöst.

Das normal angebotene Lab besteht, wenn nicht ausdrücklich Kälberlab als Bezeichnung gewählt wird, aus einer Chymosin-Pepsin-Mischung. Das Mischungsverhältnis beträgt etwa 50:50. Dadurch wird auch die Verlangsamung der Reifung bei reinem Pepsin entsprechend ausgeglichen.

Beide haben in etwa das gleiche Temperatur-Optimum, sind also ohne Probleme zu verwenden.

Bakterielle Labe

Bakterielle Labe haben sich in der Praxis bewährt. Sie werden u.a. unter folgenden Namen angeboten: Rennilase, Reprise, Fromage, Mucor Pusillus-Lab, Suparen.

Sie haben natürlich hinsichtlich der Temperatur völlig andere Optima. Sie sind z.T. extrem luft- und lichtempfindlich. Wichtig ist hier eine gute Beratung von Herstellern, d.h. eine gute Gebrauchsanweisung.

Die praktische Verwendung von Lab

○ **Tip für Hobbykäser:**
Lab gibt es in Tabletten, die für 2 l oder 5 l Milch reichen. Sie sind beim Fachhandel, aber auch über Apotheken und Drogerien zu beziehen.
Ihr Vorteil liegt in einer langen Haltbarkeit, und auch das Dosieren ist einfach, da diese Tabletten geteilt werden können.

Labstärke

Die Labstärke gibt an, wieviele Teile Milch von einem Teil Lab bei 35° C in 40 Minuten dickgelegt wird. Die Labstärke 1:10.000 bedeutet also, daß 1 ccm Lab 10.000 ccm Milch, das sind 10 l, bei den angegebenen Verhältnissen dicklegt.

Labstärke	Gehalt an Chymosin mg/l
1:15.000	780
1:10.000	520
1: 5.000	260
1: 4.000	210
1: 3.000	156
1: 2.500	130

Umrechnung von mg/l Chymosin auf Labstärke (bei ausländischen Fabrikaten wird oft nur der Chymosingehalt angegeben)

Flüssiglab oder Pulverlab

Flüssiglab gibt es in verschiedenen Konzentrationen von 1:4.000 bis 1:20.000.

Daneben gibt es auch ein Pulverlab in einer Konzentration von 1:100.000. Daraus wird auch das Lab in Tablettenform hergestellt. Lab in diesen Formen zeichnet sich durch sehr lange Haltbarkeit aus.

Für die Käsebereitung selbst gibt es praktisch keine Qualitäts-Unterschiede zwischen diesen Labarten.

Für das Flüssiglab spricht die Dosierung bei kleinen Mengen. Zum Beispiel werden für 50 l 12,5 ccm Flüssiglab 1:4000, aber nur 0,5 g Pulverlab 1:100.000 benötigt.

Das Flüssiglab kann problemlos mit einer Pipette oder Einwegspritze abgemessen werden. Ein halbes Gramm kann man zwar nach Augenmaß mit dem Meßlöffel abschätzen, aber weil Lab auch bei der Reifung eine Rolle spielt, muß man schon genauer messen.

Natürlich gibt es die Möglichkeit, aus dem Pulverlab Verdünnungen herzustellen, allerdings haben diese eine Haltbarkeit von nur wenigen Tagen.

Kulturen

Unter Kulturen versteht man gewissermaßen reinrassig im Labor gezüchtete Kleinlebewesen. Es gibt Bakterien-, Hefen und Schimmelkulturen. Sie kommen entweder reinrassig, aber auch in bestimmten Mischungen in den Handel.

Milchsäurekulturen

Für die Milchsäurebakterienkulturen sind auch Ausdrücke wie Starter und Säurewecker üblich.

In den Handel kommen solche Kulturen flüssig oder heute meist gefriergetrocknet. Dadurch verlängert sich die Haltbarkeit beträchtlich: meist 3 Monate und mehr in der Gefriertruhe.

Hinsichtlich der Milchsäurebakterien hat man früher mit den in der Milch vorhandenen Bakterien gearbeitet. Das wurde dadurch erleichtert, daß man nur im Sommer überschüssige Milch für die Käsebereitung hatte.

Durch die Art der Labbereitung, den Zusatz von Molke oder auch Bruch vom Vortag, hatte man auch schon etwas Kulturähnliches. Erst seit etwa 100 Jahren ist man in der Lage, sogenannte Reinkulturen zu züchten. Diese wurden zuerst in der Butterei und dann auch später in den Käsereien verwendet.

Die Milchsäurebakterien haben beim Verkäsen von Rohmilch zwei Aufgaben: 1. Weil es in der Rohmilch immer eine Infektion mit völlig zufällig in die Milch

○ **Hinweis für den Hobbykäser:** Die einfachste Art, zu einer Milchsäurebakterienkultur zu kommen, ist die Verwendung von Buttermilch. Mit ihr kann man praktisch alle Sorten von Käse machen. Verwendet werden kann auch einfacher Joghurt, also solcher ohne besondere Hinweise auf bestimmte Bakterien, Milchsäuren usw. Dabei ist auf folgenden Unterschied zu achten: Die Bakterien der Buttermilch haben ihr Optimum bei ca. 25° C. Ihnen fällt die Anpassung an die Reifungstemperaturen bei ca. 15° C nicht so schwer. Joghurtbakterien haben dagegen ihr Optimum im Bereich von 40° C. Es ist für sie schwerer, sich tieferen Temperaturen anzupassen. Sie entwickeln sich deshalb langsamer, und die Folge ist meist ein milderer Käse. Nicht verwendet werden sollten andere Sauermilcherzeugnisse. Ihre Bakterien sind zwar geeignet, aber solche Erzeugnisse können thermisiert, also wärmebehandelt, sein. Dabei werden die fertigen Erzeugnisse noch einmal erhitzt, so daß es in ihnen keine lebensfähigen Bakterien mehr gibt. Und die Thermisierung muß nicht deklariert werden, während bei Buttermilch und Joghurt der Hinweis auf eine Wärmebehandlung zwingend vorgeschrieben ist.

gelangten Keimen gibt, soll durch den möglichst frühzeitigen Zusatz von Milchsäurebakterien eine weitere Entwicklung dieser Fremdkeime verhindert werden.

Für Milchsäurebakterien ist Milch der ideale Nährboden. Sie entwickeln sich sehr schnell, bei günstigen Temperaturen sogar explosionsartig. Dadurch wird vielen anderen Bakterienarten jede Entwicklungsmöglichkeit genommen, zumindest stark beeinträchtigt. Gleichzeitig entsteht durch die Milchsäurebakterien eine geringe, anfangs minimale Säurebildung, die das Aus für Fäulnisbakterien, und dazu gehört auch das Gros der pathogenen Bakterien, bedeutet.

2. Durch die Kultur soll eine ganz bestimmte Milchsäurebakterienflora in die Milch eingeimpft werden, die dann zu ganz bestimmten und auch gleichmäßigen Käsen führt.

Camembertschimmel: Wer einen camembertähnlichen Käse machen will, kann bei einem gekauften Camembert den Schimmel mit warmen Wasser vorsichtig abwaschen und dann die eigenen Käse damit abwischen oder besprühen.

Rotschmiere: Rotschmiere benötigt man für die Reifung von Käsen wie Tilsiter, Limburger, Romadour oder Münsterkäse. Auch hier kann man die Rinde dieser Käse mit warmen Wasser abwaschen und dann auf den eigenen Käse übertragen.

Gekaufte Kulturen

Auch wer in einem größeren Maßstab Käse machen will, könnte mit Buttermilch bzw. Joghurt arbeiten, sollte aber gekaufte Kulturen vorziehen. Das Problem ist nicht die Eignung dieser Bakterien, sondern ihr Zustand.

Die Entwicklung der Bakterien im Nährmedium vollzieht sich in drei Phasen:

1. Die Anpassungsphase

Da ist zunächst einmal eine Temperaturanpassung. Bakterien, die sich vorher schon bei annähernd gleichen Temperaturen vermehrt haben, z.B. Flüssigkulturen, reagieren schneller als solche, die vorher gekühlt oder eingefroren waren.

Genauso geht es schneller, wenn die Bakterien in der gleichen Milch vermehrt wurden. Länger wird es dauern, wenn sie auf Milch anderer Tierarten übertragen werden.

2. Die Vermehrungsphase

Die Geschwindigkeit der Vermehrung hängt dann eigentlich nur noch von den Temperaturen ab. Liegt sie beim Optimum, kann sich die Zahl in etwa einer halben Stunde verdoppeln. Je weiter die Temperatur von diesem Punkt entfernt ist, um so mehr verlangsamt sie sich. Bei zu tiefen Temperaturen kommt sie lediglich zum Stillstand. Weit höhere Temperaturen können dagegen zu einer Abtötung führen.

3. Die Absterbephase

Die Bakterien haben sich so stark vermehrt, daß es entweder an Nahrung überhaupt fehlt, oder daß sie an den eigenen Stoffwechselprodukten zugrunde gehen.

Bei gekaufter Buttermilch oder gekauftem Joghurt können folgende Verhältnisse vorliegen.

- Beide Erzeugnisse sind gekühlt. Aber der Zeitraum der Kühlung ist nicht bekannt. Der aber spielt wieder eine Rolle bei der Anpassung. Dabei kann es auch zu einer Übersäuerung und damit zu einem Übergang in die Absterbephase kommen.

- Die Kühlung kann bei den oft sehr langen Vertriebswegen zeitweilig ungenügend gewesen sein. Die Bakterien befinden sich dann teilweise oder insgesamt in der Absterbephase. Dadurch kommt es zu unterschiedlichen Produktionen. Deshalb sind gekaufte Kulturen vorzuziehen.

Für Käse ohne Gär-Lochbildung werden vorwiegend mesophile Bakterien (Temperaturoptimum bei 18-37° C) eingesetzt. Mit Ausnahme der Einlabungs- und Nachwärmtemperaturen liegen später bei der Reifung die Temperaturen nahe ihrem Optimum.

Thermophile Bakterien (Temperaturoptimum bei 37-50° C) hat man schon immer bei Käsen eingesetzt, wo eine starke Propionsäurebildung typisch ist.

Hier gibt es ein Problem: Die Propionsäurebakterien benötigen Milchsäure und damit auch die Milchsäurebakterien. Auf der anderen Seite gibt es zwischen diesen Bakterienarten einen gewissen Antagonismus. Ist die Entwicklung der Milchsäurebakterien zu stark, werden die Propionsäurebakterien stark in ihrer Entwicklung behindert, mit dem Ergebnis, daß später bei der Reifung nicht genügend vorhanden sind, um eine entsprechende Gas- und damit Lochbildung zu erreichen.

Weil sich die thermophilen entsprechend schwächer entwickeln, bekommen die Propionsäurebakterien mehr Spielraum für ihre Entwicklung.

Thermophile Bakterien werden aber heute auch bei Weich- und Schnittkäsen verwendet. Die Käse werden so milder und im Teig geschmeidiger. Weil gerade Ziegenkäse im Schnittkäsebereich leicht sehr bröckelig wird, wird hier oft mit diesen Kulturen gearbeitet.

Die Kulturenbereitung

Kulturen können flüssig oder gefriergetrocknet bezogen werden.

Flüssigkulturen sind nur zur sofortigen Verwendung geeignet. Sie können nie pur, sondern nur als Ansatz für eine Betriebskultur verwendet werden.

Gefriergetrocknete Kulturen haben dagegen in der Gefriertruhe eine Haltbarkeit von ca. 6 Monaten. Sie können der Milch auch direkt zugesetzt werden.

Ob Flüssigkulturen oder gefriergetrocknete benutzt werden, ist zum einen eine Preisfrage, bei kleinen Mengen aber auch eine Frage der Dosierung.

Einfach und preiswerter ist die Herstellung einer Betriebskultur.

Herstellung einer Betriebskultur

Zur Herstellung einer Betriebskultur verwendet man H-Milch, gleich welchen Fettgehalts. Man hat dann eine sterile Milch und einen sterilen Behälter.

Die H-Milch-Packung wird aufgeschnitten und etwas Milch entfernt. Dann wird mit einem schmalen Messer ein wenig Kultur zugesetzt. Die Verpackung wird dann verklebt und etwas geschüttelt.

Auch die Kulturenpackung wird verklebt und wieder eingefroren. Statt der gefriergetrockneten kann aber auch ein Schuß Flüssigkultur zugesetzt werden.

Danach muß der Ansatz rund 24 Stunden nach Herstellangaben bebrütet werden, meist bei 22-24° C.

Da diese Temperaturen möglichst genau eingehalten werden müssen, ist natürlich ein Brutschrank ideal. Man kann auch einen Kühlschrank umfunktionieren mit einer Glühbirne als Heizquelle und einem Thermostat als Regulierung.

Oder es läßt sich ein Einkochtopf mit Thermostat verwenden. Er wird mit etwas Wasser gefüllt, und die Kulturpakkung wird auf einen Rost im Topf gestellt.

Die Thermostate sind ausreichend genau, nur die Angaben auf den Einstellschaltern sind oft ungenau und müssen nachgeeicht werden.

Nach der Bebrütungszeit soll die Milch sauergeronnen sein und etwas mild sauer schmecken.

Als nächstes wird die Milch mit der gleichen Menge süßer H-Milch in einem sauberen Gefäß vermischt. Dies geschieht, weil man nicht die Technologie hat, die Säuerung zu einem bestimmten Zeitpunkt zu stoppen. Denn die Milch könnte zu sauer werden, so daß die Bakterien in die Absterbephase kommen.

Danach wird der Ansatz in Portionen entsprechend der späteren Dosierung eingeteilt und bei -20° C eingefroren.

Wieviel Kultur wird benötigt?

Als Anhaltspunkte für die Dosierung der Kulturen folgende Angaben, die aber von Betrieb zu Betrieb schwanken:

Bei Frischkäse benötigt man mindestens 3 % Kultur.

Zur Vorreifung bei 10-15° C über ca. 12 Stunden 0,05-0,1 %. (Zum Dosieren kleiner Mengen eignen sich Eiskügelchenbeutel. Man benötigt 1-2 Kügelchen je 10 l.) Beim Verkäsen frischer Milch bei ca. 3 Stunden Wartezeit werden 1-1,5 % benötigt, bei einer Verkürzung der Wartezeit bis zu 3 %.

Die Kulturportionen werden eingefroren und haben eine Haltbarkeit von 3-4 Monaten.

Arbeitet man mit thermophilen Kulturen, ist die Arbeitsweise gleich. Nur arbeitet man mit Kulturen im Bereich von 40-50° C. Dafür ist die Bebrütungszeit mit 4-6 Stunden kürzer.

Die Verwendung eigener Milch

Statt H-Milch kann sowohl für den Ansatz als auch die Verdünnung eigene Milch benutzt werden. Sie muß 30 Minuten auf 95° C erhitzt werden und danach auf Ansatztemperatur gekühlt werden.

Eine Notwendigkeit dafür besteht eigentlich nur bei Ziegen- und Schafsfrischkäse. Bei diesen Erzeugnissen hat man oft Kunden, die an einer Kuhmilchallergie leiden. Dann sind Kuhmilchzusätze von 3 und mehr Prozent problematisch.

Vorteile gegenüber der Fortzüchtung von Kulturen

Der Vorteil dieser Methode liegt darin, daß man auf einmal Kulturen für einen längeren Zeitraum bereiten kann. Diese Kulturen haben dann immer den gleichen Wirkungsgrad. Man muß dabei sehr sauber, aber nicht steril arbeiten. Und darin liegt der große Vorteil gegenüber einer Kultur, die im Betrieb fortgezüchtet wird. Denn auf einem normalen Bauernhof wird man nie so steril arbeiten können, wie es eigentlich nötig ist. Man hat anfangs, wie auch bei den eingefrorenen Kulturen, eine kleine Infektion, die aber bei jeder Überimpfung größer werden kann, besonders, wenn man Bakterien oder Hefen hat, die sich gegen Milchsäure durchsetzen oder gut mit ihnen zusammen leben können, z.B. Milchzuckerhefen und Essigsäurebakterien. Das ist ohne bakteriologische Untersuchungen kaum erkennbar. Man bemerkt es meist erst im Reifungsraum, und dann ist der Schaden groß.

Deshalb sollte man die eingefrorenen Kulturen normalerweise nicht wieder für einen Neuansatz verwenden.

Auch wenn größere Mengen Milch verkäst werden, kann man so arbeiten. Nur verzichtet man auf das Einfrieren und setzt jeden Tag neu an. Eine Verdünnung ist unnötig, sie erfolgt beim Zusatz.

Andere Kulturen

Während man Milchsäurebakterien relativ einfach selbst vermehren und auch weiterzüchten kann, geht das bei anderen benötigten Kulturen nicht.

Weißschimmel (Penicillium Candium)

Diese Kultur wird für Camembert und Brie verwendet, aber auch für länger reifende Käse.

Deshalb gibt es von den Kulturenherstellern unterschiedliche Variationen, auch speziell für Rohmilchkäse. Sie werden heute fast ausschließlich als gefriergetrocknete Ware geliefert.

Blauschimmel (Penicillium camemberti)

Ein ähnlicher Schimmel, der erst weiß, später eine bläuliche Färbung hat, alt aber meist nur noch grau aussieht. Er soll einen feineren Geschmack bringen. Sein Nachteil: Er ist nur noch schwer von Fremdschimmelinfektionen zu unterscheiden. Er wird wie Weißschimmel geliefert.

Die Verwendung der Schimmelkultur

Gefriergetrocknete Kulturen können krümelweise nach Augenmaß der Milch vor dem Einlaben zugesetzt werden. Man kann diese Krümel auch vorher in etwas Wasser auflösen.

Eine andere Möglichkeit ist es, ebenfalls im Wasser aufgelöste Kulturen über die schon fertigen Käse zu sprühen.

Das Zusetzen zur Milch hat den Vorteil, daß es dann zu einem schnelleren Wachstum auf dem Käse kommt und

damit Infektionen mit Fremdschimmel nicht verhindert, aber erschwert werden.

Rotschmierekulturen (Bakterium lines)

Diese Bakterien geben Käsen, die mit Rotschmiere reifen, einen rötlich-gelben, später meist braunen Farbton. Da diese Bakterien auch in der Natur vorkommen, siedeln sie sich oft automatisch auf den Käsen an, besonders wenn die Luftfeuchtigkeit stimmt. Wenn das der Fall ist, muß man eine Kultur nur anfangs verwenden. Sie wird meist dem Wasser, das man zum Schmieren benötigt, zugesetzt. Verwendet man ein Salzbad, kann die Kultur auch diesem zugesetzt werden.

Blau- und Grünschimmel (Penicillium roqueforti)

Bei Käsen mit Innenschimmel darf man grundsätzlich nur mit Kulturen arbeiten. Trotzdem ist die Gefahr, daß sich noch Aflatoxine bildende Fremdschimmel einnisten, groß.

Die Kultur wird entweder schon der Milch oder später dem Bruch zugesetzt. In beiden Fällen wird der Schimmel gleichmäßig im Käse verteilt. Wird sie dagegen erst beim Ausschöpfen zugesetzt, so verbreitet er sich aderförmig.

Andere Zusatzstoffe

Käsefarbe

Als Färbungsmittel ist in Öl gelöstes Karotin zugelassen. Es wird künstlich hergestellt, gehört aber zu den naturidentischen Stoffen. Die Zusatzmenge beträgt etwa 1-5 ccm je 100 kg.

Bei Hofkäsereien ist ein Anfärben nicht üblich, auch wenn sich besonders die blassen Ziegen- und Schafskäse eigentlich anbieten. Andererseits ist hier der Farbton wieder ein Kennzeichen.

Man kann Käse auch mit Möhrensaft anfärben. Auch hier ist der Karotingehalt des Saftes für die Färbung verantwortlich. Man bekommt aber ein mehr rötliches und damit fast unnatürliches Aussehen.

Beide Zusätze müssen bei der Kennzeichnung deklariert werden.

Salz

Die Anforderungen an das verwendete Salz sind dieselben wie beim Speisesalz. Beim Ansetzen von Salzbädern kann auch sehr grobkörniges Salz genommen werden, zum Trockensalzen die übliche Speisesalzkörnung. Mineralsalze wie Meersalz eignen sich nicht besonders. Es ensteht leicht ein bitterer Geschmack.

Der Zusatz von Salz ist bei gereiften Käsen nicht kennzeichnungspflichtig, wohl aber bei Frischkäse.

Kalziumchlorid ($CaCl_2$)

Der Zusatz von Kalziumchlorid wird notwendig, wenn die Milch für Labkäse pasteurisiert oder anderweitig erhitzt wurde. Das dabei ausgefallene Kalzium wird dadurch ergänzt.

Ein Zusatz kann aber auch die Verkäsbarkeit verbessern, wenn man nur altmelkende Tiere hat. Teilweise wird es auch grundsätzlich zugesetzt, z.B. bei tiefgekühlter Milch.

Kalziumchlorid kann man von Apotheken, aber auch über den Käsereibedarfshandel beziehen. Es hat dann immer die vorgeschriebene Reinheit. Es ist ein Pulver aus dem dann entsprechend konzentrierte Lösungen hergestellt werden.

Ohne Kennzeichnung dürfen bis zu 150 mg/kg zugesetzt werden.

Nitrat (NO_3)

Es wird zugesetzt um eine Spätblähung durch Buttersäurebazillen (Clostridien) zu verhindern. Durch die Reduzierung auf Nitrit (NO_2) wird Sauerstoff frei und diese Bazillen sind sehr sauerstoffempfindlich. Nitrit ist selbst schon ein Gift. Aber durch die Verbindung mit Aminen aus der Milch enstehen Nitrosamine, die im Verdacht stehen, Krebs zu erregen.

Zugesetzt wird es in Form von Natronoder Kalisalpeter. Bei Kennzeichnung dürfen bis 150 mg/kg Nitrat zugesetzt werden.

Die Verwendung des Ersatzstoffs Nissin hat sich nicht bewährt, weil es die bakteriologische Entwicklung bei der Reifung insgesamt beeinträchtigt.

Lysozym

Lysozym wird vor allem aus Hühnereiweiß gewonnen, ist aber auch in der Frauenmilch vorhanden und ist ein Glied unseres natürlichen Immunsystems.

Es zerstört die Blähungserreger ziemlich sicher, ohne die sonstige Reifung nennenswert zu beeinflussen.

Gewürze und Kräuter

Alle normal getrockneten Gewürze und Kräuter sind sehr reich an Schimmelsporen, die dann überall, wo Sauerstoff vorhanden ist, auskeimen und Schimmelstellen verursachen. Man kann sie durch Überbrühen mit kochendem Wasser zum größten Teil entfernen. Eine andere Möglichkeit soll eine Sterilisation unter der Mikrowelle sein. Theoretisch wäre das auch im Backofen möglich. Aber dabei kommt es u.a. besonders bei Kräutern zu einer starken zusätzlichen Bräunung.

Frischgepflückte Kräuter muß man nur kräftig in kaltem Wasser abwaschen.

Nicht verwendet werden dürfen schon länger gepflückte Kräuter, z.B. vom Handel bezogene. Auch sie sind bakteriologisch stark belastet.

Man kann auch eingefrorene Kräuter verwenden. Sie müssen dann in gefrorenem Zustand gemixt und untergemischt werden.

Verwendet werden können auch gefriergetrocknete Kräuter. Sie sind allerdings sehr teuer, aber auch sehr ergiebig.

Wasser

Das in der Käserei verwendete Wasser muß Trinkwasserqualität haben. Ist man an die öffentliche Wasserversorgung angeschlossen, sollte das Wasser diese Bedingungen erfüllen. Anders ist das bei hofeigenen Wasserversorgungsanlagen. Hier ist man verpflichtet, das Wasser regelmäßig untersuchen zu lassen.

Vorbereitung der Milch

Ein Hobbykäser kann im Grunde viel herumexperimentieren. Er kommt dabei immer wieder zu überraschenden Ergebnissen, manchmal positiv und manchmal auch negativ.

Auch in der Hofkäserei wird man anfangs experimentieren müssen. Nur ist hier das Ziel, möglichst schnell und mit möglichst gleichbleibenden Qualitäten zu einem verkaufsfähigen Käse zu kommen.

Voraussetzung dafür ist, daß man durch die Vorbereitung der Milch durch niedrige Keimzahlen, den Einsatz von Kulturen und konstante Temperaturen zu einer möglichst standardisierten Milch kommt. Diese Milch macht 50 % des Erfolgs aus. Das Käsen ist dann nur noch eine rein mechanische Zerkleinerung des Bruchs.

Hat man also die Vorbereitung der Milch nicht im Griff, arbeitet man jeden Tag mit einer anderen Milch. Man muß dann am Kessel reagieren. Das erfordert viel Erfahrung, und selbst die verhindert unterschiedliche Produktionen nicht.

Einstellung des Fettgehaltes

In der Regel wird man in einer Hofkäserei mit Vollmilch arbeiten. Zum einen spielt der Fettgehalt des Käses geschmacklich eine große Rolle, zum anderen bedeutet das Entrahmen einen zusätzlichen Arbeitsaufwand, der bei der Verwendung einer Zentrifuge schon allein wegen deren Reinigung sehr arbeitsaufwendig ist.

Aus reiner Magermilch kann man nur Frischkäse und Sauermilchquark machen. Halbwegs normal reifende Käse hat man

erst ab einem Fettgehalt des Käses von ca. 20 F.i.Tr.. Dazu muß die Milch dann auf einen bestimmten Fettgehalt eingestellt werden.

Gewünschter F.i.Tr. Gehalt	benötigter Fettgehalt in der Milch
10 % (viertelfett)	0,5 %
20 % (halbfett)	0,9 %
30 % (dreiviertelfett)	1,7 %
40 % (fett)	2,5 %
45 % (vollfett)	3,1 %
50 % (Rahmkäse)	3,6 %
60 % (Doppelrahmkäse)	4,2 %

Verhältnis vom Fettgehalt der Milch zum F.i.Tr.-Gehalt des Käses

Eine Handentrahmung kann man praktisch nur nach der Vorreifung durchführen. Bedingt durch die kurze Zeit und die niedrigen Temperaturen wird man nur etwa die Hälfte des Fettes abschöpfen können. Ein nur aus dieser Milch hergestellter Käse hätte noch mindestens 30% F.i.Tr.. Würde die Milch noch mit Vollmilch vermischt, wie es ursprünglich beim Bergkäsen mehr oder weniger üblich war, käme man sicher über 40% F.i.Tr..

Der Grund, einen fettärmeren Käse zu machen, liegt zunächst einmal im Wunsch der Verbraucher nach weniger Fett. Das hat dazu geführt, daß heute Käse mit 30% F.i.Tr. fast dasselbe kosten wie vollfette Käse.

Beim Bergkäse, aber auch beim Gouda, will man durch die Verringerung des

Fettes ein Ranzigwerden bei sehr langer Lagerung verhindern. Da man aber trotzdem noch einen Fettgehalt über 40% F.i.Tr. hat, ist der Erfolg allerdings nur bedingt. Die Fettzersetzung tritt überwiegend an der Oberfläche auf und dringt dann weiter in den Käse ein. Eine lange Reifung, also über ein Jahr und darüber hinaus, setzen deshalb vor allem große Käse vorraus. Unter 20 kg sind solche Versuche eigentlich witzlos.

Kleinere Käse aus Vollmilch, also mit 50% F.i.Tr. und mehr, kann man aber ohne weiteres ein halbes Jahr und länger reifen, wenn sie einwandfrei gemacht und gepflegt werden.

Das macht im Grunde eine Teilentrahmung wenig sinnvoll, da auch hinsichtlich der Kennzeichnung Probleme auftreten. Nach der Käse-VO muß die F.i.Tr.Stufe angegeben werden. Genau wie eine Unterschreitung der angegebenen Werte kann auch eine Überschreitung wegen Irreführung beanstandet werden, wenn der Käse nach den Untersuchungsergebnissen in eine höhere Fettstufe gehört.

Eine Ausnahme gilt bei solchen Käsen, die aus der vollen Milch gemacht werden. Hier muß die Angabe dann z.B. lauten: „mindestens 45% F.i.Tr.", dann wäre der Käse auch nicht zu beanstanden, wenn er über 50% F.i.Tr. hat, was bei Verwendung von Vollmilch ja auch meist der Fall ist. Nur bei Schafsmilch kann man zu niedrigeren Werten kommen.

So erspart man sich, wenn man auf eine Entrahmung verzichtet, ständige Kontrolluntersuchungen, die sonst einfach notwendig sind.

Neben diesen Aspekten gibt es einen ganz realen betriebswirtschaftlichen Grund. Das abgenommene Fett muß ja auch verwertet werden, meist verarbeitet man es zu

Butter. Das erfordert wieder zusätzliche Einrichtungen und Arbeit. Hinzu kommt, daß die Butterpreise sehr niedrig sind. Für Ziegen- und Schafbutter gibt es im Grunde überhaupt keinen Markt.

Bei Landbutter aber darf der Wassergehalt max. 16% betragen. Im Käse dagegen hat man durchschnittlich 50%. So ergibt sich bei Käse natürlich eine viel größere Ausbeute.

Rentabler wäre die Verwertung zu Rahmerzeugnissen wie saure Sahne oder Schmand. Aber diese Produkte dürfen nur abhof aus roher Sahne verkauft werden, sonst müssen sie als Milcherzeugnis pasteurisiert werden. Für Schlagsahne und Creme fraiche benötigt man einen Fettgehalt von mindestens 30%, wenn sie qualitativ gut sein sollen. So hohe Werte aber erreicht man mit einfachen Zentrifugen meist nicht. Außerdem gelten gesetzlich die gleichen Regelungen wie für saure Sahne.

Veränderung der Trockenmasse der Milch

Während es in Molkereien großtechnisch viele Möglichkeiten zur Veränderung der Trockenmasse gibt, bleibt für die Hofkäserei nur der Wasserzusatz.

Grundsätzlich soll ein Wasserzusatz von 10% zu einem geschmeidigeren Käseteig führen, hauptsächlich durch eine Verdünnung des Milchzucker- und Salzgehaltes und den dadurch wieder bedingten geringerem Säuregehalt im Käse.

Praktisch ist das auch eine Möglichkeit, eine versehentlich zu starke Vorreifung (Werte über 8,5 SH), wieder etwas zu neutralisieren, aber das sollte auf den Notfall beschränkt bleiben.

Bei Ziegenkäse, bei dem eine eher bröckelige Struktur ja typisch ist, ist das vielleicht einen Versuch wert. Dabei wird es nicht um den Säuregehalt gehen, aber dafür spielt die Veränderung der Salzkonzentration eine Rolle.

Anders ist das bei Schafsmilch. Sie ist sehr konzentriert und macht deshalb bei der Bruchbearbeitung Schwierigkeiten. Man muß diesen schon kräftig bearbeiten, was zwangsläufig zu Verlusten durch Käsestaub führt. Hier kann man durch einen Wasserzusatz von 20-30% die Bruchbearbeitung vereinfachen.

Darüber, ob dieser Zusatz zu einem Verlust des Schafskäsearomas führt, gibt es verschiedene Ansichten. Allgemein ist dieser aber bei guter Milch nicht so stark ausgeprägt. Der Geschmack wird weitgehend durch die Art der späteren Reifung bestimmt.

Man kann, wenn man statt Wasser Eis zusetzt, zu einem schnellen Kühleffekt kommen. Gerade bei kleinen Mengen ist das Kühlen auf Vorreifungstemperatur ein Problem. Im Kühlschrank geht es zu langsam. Wasserkühler benötigen viel Wasser und für Tauchkühler oder ähnliches reicht die Milch-Menge nicht.

Für den Übergang von einem kg Wasser mit 0° C zu Eis bei gleicher Temperatur werden 80 kcal benötigt. Hinzu kommt noch die Eistemperatur. Das macht aus der Tiefkühltruhe genommen auch noch ca. 20 kcal aus. Eis speichert also viel Kälte.

Da man die Milchmenge kennt und ihre Temperatur nach dem Melken, kann man sich ausrechnen, welche Eismenge man benötigt. Dann kann man sie gleich passend in entsprechenden Blöcken einfrieren und kommt so zu einer schnellen Kühlung der frischen Milch.

Ähnlich konzentriert wie die Schafsmilch ist die Jerseymilch, so daß hier beim Verarbeiten auch solche Probleme auftreten.

Mengenmäßig kann man Kühlprobleme auch bei Ziegenmilch haben. Aber hier wäre ein Eiszusatz mengenmäßig zuviel. Wenn man aber sonntags nicht käsen will, könnte man die Milch dieses Tages in entsprechende Blöcke zur Kühlung einfrieren. Das ist sicher ein ziemlich weitgehender Kompromiß, aber es geht.

Vorreifung der Milch

Die Vorreifung der Milch ist im Grunde ein sehr altes Verfahren. Die Milch vom Abend wurde etwas gekühlt und dann stehen gelassen. Oft wurde am Morgen noch etwas entrahmt (Bergkäse) und dann mit der frischen Morgenmilch vermischt verkäst.

Für die Vorreifung waren dann die in der Milch natürlicherweise vorhandenen Milchsäurebakterien verantwortlich. Sie vermehrten sich während dieser Zeit so, daß sofort mit dem Käsen begonnen werden konnte.

Auf heutige Verhältnisse ist dieses Verfahren kaum noch übertragbar. Daher sollte man zusätzlich zu den wenigen heute noch in der Milch enthaltenen Milchsäurebakterien eine kleine Menge Kultur geben. Das kann Buttermilch, aber auch eine selbst weitergezüchtete Kultur sein. Ein Richtwert aus der Literatur sind 0,05-0,1% Kulturzusatz.

Will man dabei zu einer konstanten Käsequalität kommen, sind einige Vorbedingungen zu erfüllen.

Eine ist, daß die Milch möglichst schnell nach dem Melken auf Temperaturen im

Bereich von 10-15° C gekühlt wird. Auf die Möglichkeit, hier bei kleinen Mengen mit einem Eisblock zu arbeiten, wurde auf Seite 68 hingewiesen.

Weiter eignen sich die bekannten Wasserkühler. Da die Wassertemperatur nur geringen Schwankungen unterworfen ist, kann man, ohne ständig zu messen, einfach nach Zeit arbeiten.

Der Nachteil dabei ist, daß dieses Verfahren durch den Wasserverbrauch auf Dauer teuer wird.

Alternativen sind Eiswasser, Tauchkühler oder Kühlwannen, wobei diese entsprechend hergerichtet auch als Käsekessel dienen können. Die vorhandenen Thermostate müssen auf diesen Temperaturbereich eingestellt oder eventuell auch ausgewechselt werden.

Zwar wird beim Tauchkühler die Milch durch den Rührstab strapaziert. Aber bei diesen Temperaturen ist die Milch noch nicht so empfindlich, und außerdem dauert die Kühlung nicht lange.

Man muß anschließend dafür sorgen, daß die Milch immer in diesem bestimmten Temperaturbereich liegt. Bei mit Thermostaten ausgerüsteten Geräten ist das einfach, sonst muß man sich z.B. mit einem Kühlschrank helfen.

Auch wenn die Vorreifung in einem relativ großen Temperaturbereich möglich ist, sollte man, wenn man die technischen Möglichkeiten hat, sich auf einen engeren Bereich festlegen. Besonders dann, wenn man eine möglichst starke Vorreifung haben, also pikante Käse machen will.

Der Schaltbereich von gebräuchlichen Thermostaten liegt bei etwa 3 Grad. Also könnte man z.B. die Bereiche 9-12° C, aber auch 12-15° C oder Zwischenwerte wählen.

Kulturzusatz

Für die Vorreifung eignen sich nur mesophile Kulturen, also solche, die ihr Optimum bei etwa 25° C haben.

Als Anhaltspunkt dafür kann man dann folgende Zusätze machen: für je 10 l Milch:
- 1 Eßlöffel Buttermilch, ca. 15 ccm
- oder 1 Eiswürfelkugel (sie hat etwa den gleichen Inhalt)
- oder 1 großer Teelöffel frische Kultur.

Ist eine solche Kultur 48 Stunden und länger gekühlt, kann man auch einen Eßlöffel nehmen. Das sind gewissermaßen Mindestzusätze, die man erhöhen kann. Durch eine stärkere Vorreifung werden die Käse pikanter.

Arbeitet man ohne Untersuchungsmöglichkeiten, so darf die vorgereifte Milch am nächsten Tag nicht ansauer riechen oder einen Stich haben, wie man in Norddeutschland sagt.

Hat man die Möglichkeit für Untersuchungen, so sind 8,5 SH oder pH 6,3 das Maximum.

Die Milch wird am nächsten Morgen mit der frischen Milch vermischt und kann dann eingelabt werden.

Verkäsen ohne Vorreifung

Verkäsen ohne Vorreifung ist eigentlich nur dann wirklich möglich, wenn nur ganz frische Milch verkäst wird.

Die Wartezeit nach dem Kulturzusatz sollte immer mindestens 2 Stunden betragen, die Bakterien benötigen eine bestimmte Anpassungszeit. Diese ist noch länger, wenn man Buttermilch, gefrorene oder lange gekühlte Kulturen verwendet. Hier sollte sie mindestens 3 Stunden betragen.

Die Zeit kann man dadurch verkürzen, daß man schon dann, wenn das erste Viertel der Milch ermolken ist, die gesamte Kultur zusetzt.

Der Kulturzusatz beträgt 1-3 %. Dabei wird es einen Anstieg des SH-Wertes bzw. ein Absinken des pH-Wertes geben. Eine Steigerung wird zwar bis zum Einlaben kaum meßbar sein, aber man kann so den SH-Wert maximal auf etwa 8 steigern, den pH-Wert auf 6,5. Hier ist das Arbeiten mit thermophilen Bakterienkulturen kein Problem.

Die Kombination von Vorreifen und Kulturzusatz vor dem Käsen wird immer dann in Frage kommen, wenn man vorwiegend mit thermophilen Kulturen arbeiten will. Dabei wird die Vorreifung mit mesophilen Kulturen auf ein Minimum reduziert. Sie dienen dann nur noch zur Unterdrückung von Fremdbakterien.

Man kann dann, wie beim Arbeiten ohne Vorreifung, 1-2 % thermophiler Kultur zusetzen. Die Wartezeit bleibt bei ca. 2 Stunden. Man sollte aber, sofern man untersuchen kann, den SH-Wert auf maximal 7,8, den pH-Wert auf 6,6 steigern. Man hat so ein ausreichendes Potential aktiver Milchsäurebakterien.

Das Regenerieren tiefgekühlter Milch

Jede Tiefkühlung der Milch wird die spätere Käsequalität negativ beeinflussen. Und dies um so mehr, je länger dieser Vorgang dauert. Damit verspielt man einen Teil des Kapitals, das man mit der Rohmilch hat.

Andererseits gilt es natürlich auch, bestimmte Arbeitszeiten, vor allem an Wochenenden, zu berücksichtigen. Teilweise ist die Milchmenge ja auch so klein, daß es sich ganz einfach nicht lohnt, jeden Tag zu käsen.

Eine tiefgekühlte Milch gerinnt viel langsamer. Die Dickete ist weicher und die Molkenabgabe schlechter. Das hängt damit zusammen, daß den Kaseinmizellen Kalzium und Zitrate entzogen werden und sich dafür Phosphate anlagern. Die Beta-Kaseinfraktion tritt aus den Mizellen aus und lagert sich erst nach dem Erwärmen wieder an.

Bakteriologisch kommt es während der Tiefkühlzeit zu einer starken Vermehrung von kälteliebenden Bakterien (psychrotrophen), die zu einer Eiweiß-, besonders aber zu einer Fettspaltung führen. Das kann selbst bei nicht lange reifenden Käsen zu ranzigem Geschmack führen.

Alle Negativerscheinungen verstärken sich besonders, wenn die Temperaturen niedriger als 8° C werden.

Versuche, solche Milch wieder besser verkäsbar zu machen, sind nur in Molkereien durchgeführt worden. Eine Möglichkeit z.B. soll es sein, die Milch vor dem Einlaben etwa 30 Minuten auf Temperaturen von 60° C zu erwärmen. Das wäre praktisch eine Dauererhitzung (62-65° C, 30 Minuten).

Eine andere Möglichkeit ist es, die Milch ca. 12 Stunden vorher auf Vorreifungstemperatur zu erwärmen, d.h. an 15° C heranzugehen und die Milch dann normal vorreifen zu lassen.

Wenn man dagegen nur jeden 2. Tag käsen will, könnte man versuchen, die Vorreifung auf 36 Stunden zu verlängern, dann natürlich im Temperaturbereich 8-10° C. Das setzt auf jeden Fall eine zuverlässige Kühlanlage und eine sehr keimarme Milch voraus. Der Kulturzusatz müßte geringer dosiert werden.

Dadurch könnte auch die Entwicklung der kälteliebenden Bakterien zumindest behindert werden, die ja das zweite Problem bei einer tiefgekühlten Milch ist. Auch der Zusatz von normalem Joghurt selbst zur tiefgekühlten Milch könnte eine Möglichkeit sein, die Entwicklung kälteliebender Bakterien etwas zu behindern. Der im Joghurt vorhandene *Lactobacillus bulgaricus*, ihn gibt es auch als Spezialkultur, entwickelt sich selbst bei tiefen Temperaturen, natürlich entsprechend langsam. Dies hat den Vorteil, daß die Milch nicht zu sauer werden kann. Das können nur Anregungen sein. Konkrete Berichte gibt es diesbezüglich nicht.

Grundsätzlich bewährt hat sich dagegen ein gewisser Kalziumzusatz (50 mg/l). Dadurch wird das durch die Kühlung gestörte Kalziumverhältnis in der Kaseinmizelle wieder korrigiert. Es wird sogar empfohlen, diesen Zusatz schon zur tiefgekühlten Milch zu geben.

Ein besonderes Problem kann bei tiefgekühlter Ziegenmilch auftreten. Hier liegt ja der Beta-Kasein-Anteil viel höher, zwangsläufig wird deshalb auch das Austreten viel stärker sein.

Die Erfahrung zeigt auch, daß bei länger gekühlter Ziegenmilch der Bruch noch weicher ist. Dann ist bei der Herstellung größerer Käse die Molke oft ebenso weiß wie der Bruch.

Hier sollte man alle beschriebenen Regenerierungsmöglichkeiten besonders intensiv durchführen.

Pasteurisieren - Thermisieren - Erhitzen

Pasteurisieren ist eine Milcherhitzung in amtlich abgenommenen Anlagen. Man unterscheidet dabei Dauer-, Kurzzeit- und Hocherhitzung. Angewendet wird heute fast nur noch die Kurzzeiterhitzung mit 71-73° C über 30 Sekunden. Sie ist die schonendste Erhitzung.

Thermisieren bedeutet nach der Käse-VO, daß man mit gleichen Anlagen, aber nicht mit vorgeschriebenen Temperaturen arbeitet. Es muß dabei mindestens der Effekt wie beim Pasteurisieren erreicht werden, also muß man mit höheren Temperaturen arbeiten.

Erhitzen ist der Vorgang, der ohne Probleme auch auf dem Bauernhof durchgeführt werden kann, d.h. die Milch wird normal erhitzt.

Nach der Käse-VO wird für Frisch- und Weichkäse ein Pasteurisieren bzw. Thermisieren verlangt. Ausgenommen ist der genehmigte Abhof-Verkauf. Andere Staaten sind da großzügiger.

Da man diese Bestimmungen als Hofkäserei nicht erfüllen kann, benötigt man immer eine Ausnahmegenehmigung.

Dabei ist das Problem der Weichkäseherstellung am einfachsten dadurch zu lösen, daß man in den halbfesten Schnittkäsebereich ausweicht. Der Unterschied im Wff-Gehalt (Wasser in der fettfreien Trockenmasse) beträgt gerade 3 %.

Frischkäse sollte man, wenn man muß, 30 Minuten bei 90-95° C erhitzen. Der biologische Schaden ist kaum größer. Dafür erfüllt man die gesetzlichen Bestimmungen im Übermaß und bekommt so in der Regel die Ausnahmegenehmigung ohne besondere Auflagen.

Durch die anhaltend hohe Temperatur beim Erhitzen flockt das wertvolle Albumin zum größten Teil aus und läßt sich später nach dem Ausschöpfen abfiltern. Dadurch wird die Ausbeute um ca. 10 % erhöht. Damit werden die Kosten für die Erhitzung weitgehend ausgeglichen.

Dieses Verfahren kann auch bei nichtreifenden Käsen oder Käsen in Salzlake oder in Öl angewendet werden.

In allen Fällen erhöht sich die Haltbarkeit, weil bakteriologische Vorbelastungen abgetötet werden. Dafür verlängert sich die Molkenablaufzeit um 1-2 Stunden.

Bei reifendem Labkäse eignet sich nur die Dauererhitzung mit 62-65° C über 30 Minuten. Man sollte dabei auf keinen Fall mit höheren Werten arbeiten.

Diese Erhitzung ist nötig, wenn man nur jeden dritten Tag oder in noch größeren Abständen Käse herstellen will, also eine entsprechend alte Milch hat. Zwar werden dabei die sich entwickelnden bakteriologischen Belastungen weitgehend eliminiert, und es kommt auch zu einer Regenerierung der Milch, nur die Probleme sind damit nicht gelöst. Da sind die vielen Stoffwechselprodukte, die sich angesammelt und zum größten Teil die Erhitzung unbeschadet überstanden haben und dann bis zum Verzehr im Käse weiterwirken. Außerdem verliert der Käse seinen Rohmilchcharakter.

Herstellung von Frischkäse

Der am einfachsten herzustellende Käse ist Frischkäse. Dabei gibt es mit Frischkäse, Quark und Topfen verschiedene Namen für im Prinzip gleiche Erzeugnisse. Nur wurden früher Quark und Topfen meist aus Magermilch hergestellt, weil Butter das wichtigste Erzeugnis war.

Für ein aus Vollmilch hergestelltes Produkt war der Begriff Frischkäse schon immer bekannt, z.B. Doppelrahmfrischkäse. Und weil auch die gesetzliche Bezeichnung so ist, wird hier in allen Fällen nur von Frischkäse gesprochen.

Frischkäse sind die ältesten Käseerzeugnisse überhaupt. Man ließ einfach die Milch sauer werden und filterte den Käsestoff ab.

Nach dem gleichen Prinzip wird auch heute noch gearbeitet. Frischkäse ist schon deshalb einfach herzustellen, weil der sonst mehr oder weniger lange Reifungsvorgang entfällt.

Frischkäse ein sehr sensibles Erzeugnis. Schon an den sehr speziellen Vorschriften für Frischkäse sieht man, daß dieser das empfindlichste Erzeugnis im ganzen Käsereibereich ist.

Das kommt zum einen daher, weil dieser Käse frisch verkauft wird und es nicht wie bei reifenden Käsen zu einer eigenen Geschmacksbildung kommt. Es ist nur der Geschmack der Milch und der Milchsäure, die seinen Geschmack bestimmen.

Das wird zwar durch eine Erhitzung der Milch etwas vertuscht. Trotzdem bleiben auch danach Geschmacksfehler der Milch erkennbar. Unter ungünstigen Bedingungen können sie sogar verstärkt werden.

Andererseits ist der Frischkäse nach dem Ausschöpfen allen möglichen Infektionen mit Kleinlebewesen praktisch schutzlos ausgesetzt. Bei einer Reifung kann sich - und je länger diese dauert, um so stärker - ein gewisser Abwehrmechanismus entwickeln, der nicht gewünschte Kleinlebewesen unterdrückt. Beim Frischkäse aber führen diese Infektionen schnell zu einer Geschmacksverschlechterung. Aber sie können auch gesundheitlich bedenkliche Auswirkungen haben.

Die einzigen Möglichkeiten, dem entgegenzuwirken, sind Verpackung und Kühlung. Und während es sonst beim Käsemachen genügt, sauber zu arbeiten, sollte es bei Frischkäse fast steril zugehen.

Alles, was an Tüchern und Beuteln verwendet wird, ist Kochwäsche und sollte auch vor der nächsten Benutzung noch einmal abgekocht werden.

Ansetzen und Einlaben

Beim Ansetzen kann die Milch Temperaturen von 15 bis 30° C haben. Frisch gemolkene Milch kann man gleich ansetzen, auch wenn sie später etwas abkühlt. Je wärmer die Milch ist, um so schneller geht der Vorgang vonstatten. In bezug auf Geschmack und Haltbarkeit sind niedrigere Temperaturen günstiger, auch weil die spätere Kühlung schneller geht.

Kulturzusatz

Bei Frischkäse soll die Milch durch die von den Milchsäurebakterien erzeugte Milchsäure gerinnen. Das geschah früher weitgehend von selbst, heute funktioniert das nicht mehr. Deshalb setzt man am besten Buttermilch oder auch Joghurt zu (siehe Kulturen S.59). Dabei kommt es gar nicht so genau auf die Menge an. Es können zwischen 3 und 10% sein. Gerade bei Rohmilch sollte dieser Zusatz so schnell wie möglich erfolgen.

Auch wenn Rohmilch, besonders von kleinen Bauern, noch von selbst sauer wird, bei Zusatz von Buttermilch und Joghurt weiß man, welche Bakterien dafür verantwortlich waren. Schließlich gibt es auch bei den natürlichen Milchsäurebakterien solche mit unangenehmen Eigenschaften.

Nur bei Magermilch kommt man ohne Lab aus. Bei fetthaltigen Milchen soll das Lab die Dickete fester machen. So wird das Fett fester eingeschlossen, und vor allem läuft die Molke besser und schneller ab.

Der Labzusatz beträgt etwa 1/10 von dem, was man sonst bei Käse benötigt.

Eine Labtablette für 2 l reicht dann also für 20 l. Aber man kann die Tabletten leicht halbieren oder vierteln.

Sonstige Zusätze

Salz
Weil Frischkäse völlig ohne Salz recht nüchtern schmeckt, kann man schon der Milch eine geringe Salzmenge (ca. 0.5%) zusetzen.

Farbstoffe
Der Zusatz von Farbstoffen ist bei Frischkäse nur üblich, wenn Schichtkäse hergestellt werden soll. Die fettere Schicht fällt sonst nicht auf. Das Anfärben kann mit Möhrensaft erfolgen, mit etwa ca. 20 ccm je 10 l Milch.

Salz und Farbe müssen vor dem Lab zugesetzt werden. Man kann auch die Kultur bis etwa 3 Stunden vor dem Einlaben zusetzen. Verwendet man eingefrorene Kulturen, müssen die immer vor dem Einlaben aufgetaut sein.

Sonst kann man aber, weil es meist arbeitsmäßig günstiger ist, Kultur und Lab gleichzeitig zusetzen.

Schneiden und Schöpfen

Die Dicklegungszeit beträgt etwa 24 Stunden. Das hängt ausschließlich von den Temperaturen ab.

Nach der Dicklegungszeit sollte die Dickete richtig fest sein. Bei Rohmilch soll sich oben und an den Wandungen schon Molke abgesetzt haben. Bei erhitzter Milch geschieht dies weniger, sie hat durch das geronnene Albumin ein starkes Molkenbindungsvermögen.

In beiden Fällen kann man, um den Molkenaustritt zu beschleunigen, die Dikkete mit einem Messer in quadratische Säulen (2-5 cm Kantenlänge), schneiden. Aus den Schnitten soll eine klare grünliche Molke austreten. Sie kann vor dem Ausschöpfen abgefüllt werden.

Grundsätzlich spielt, wenn man mit Kulturen arbeitet, die Dicklegungszeit keine Rolle. Die Dickete kann auch ein paar Tage in der Molke stehen, ohne daß qualitative Schäden auftreten. Allerdings dürfen dann die Temperaturen nicht zu hoch sein, am besten um 15° C.

Bei Rohmilch und kleinen Mengen bietet sich dabei folgende Arbeitsweise an: Die Milch wird sofort nach dem Melken angesetzt und in einen kühlen Raum gestellt. Zu den Hauptverkaufstagen kann dann alles insgesamt ausgeschöpft und verpackt werden.

Ausschöpfen

Mit dem Ausschöpfen beginnt auch der Verderb des Frischkäses. Deshalb müssen die Ablaufzeiten so kurz wie möglich gehalten werden, damit der Frischkäse in die Kühlung kommen kann. Wenn man die räumlichen Möglichkeiten hat, kann die letzte Abtropfzeit schon in der Kühlung erfolgen. Bei Rohmilch sollten die Ablaufzeiten 4-5 Stunden nicht überschreiten, bei erhitzter Milch etwa 6 Stunden.

Sackmethode

Das Ausschöpfen in Beutel hat sich immer noch am besten bewährt. Die Beutel selbst sollten nicht zu groß sein, etwa so, daß sie in einen 10 l Eimer passen. Selbst bei größeren Mengen lieber 5 kleine Beutel nehmen als einen großen. Das beschleunigt den Molkenablauf beträchtlich.

Als Material für die Beutel eignen sich am besten kochfeste Kunstfasern, die nicht zu dicht sein sollten.

Zum Befüllen werden die Beutel am einfachsten in einen Eimer gesteckt und Schicht für Schicht vorsichtig befüllt.

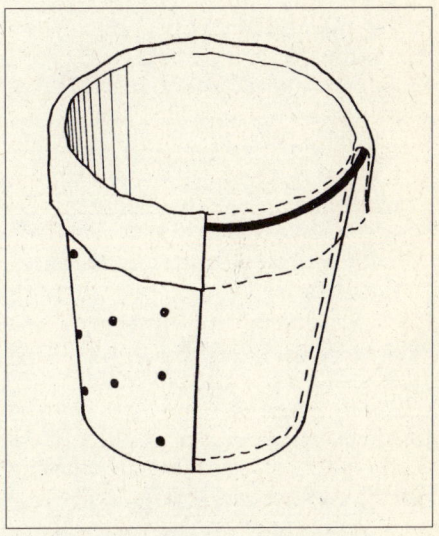

Form mit Beutel für Frischkäse

Abgerissene oder zerschlagene Teile bedeuten nicht nur Verlust, sie verstopfen auch die Poren. Deshalb ist vorheriges Schneiden der Dickete vorteilhaft.

Die Beutel werden dann zugebunden und vorsichtig auf das Ablaufblech gelegt. Wenn ein Teil der Molke abgelaufen ist, können sie umgedreht, später auch übereinander gestapelt werden.

Wenn sich die Käsestücke beim Schütteln leicht vom Stoff lösen, hat er die nötige Trockenheit.

Er sollte dann sofort herausgenommen, gekühlt oder abgepackt werden.

Zu einem nicht so gleichmäßigen Käse kommt man, wenn er in ein aufgehängtes

Tuch geschöpft wird. Die Molke läuft dann außen sehr schnell ab. Nur damit verstopft auch der Ablauf aus den inneren Bereichen.

Ausschöpfen in Formen

Man kann aber auch Frischkäse in Formen schöpfen. Es erspart das Ausformen. Allerdings wird man beim Schöpfen kaum zu einheitlichen Gewichten kommen.

Dabei kann man bis zu einem Forminhalt von 1 l ohne Tuch arbeiten, bei größeren (das Maximum sollte bei 5 l liegen) muß man Tücher verwenden, weil der Molkenablauf sonst zu lange dauert.

Kleine Formen sollten oben nicht zu eng sein, damit die Dickete mit der Kelle unten auf den Boden gelegt werden kann.

Sogenannte Verteilerbleche oder Aufsätze - sie haben dem Formdurchmesser entsprechende Löcher, so daß der Bruch darauf geschöpft und dann gleichmäßig verteilt wird - eignen sich nicht. Dazu ist die Dickete beim Frischkäse zu weich.

Da man das Ausschöpfen unterbrechen kann, ist es möglich, erst etwa die Hälfte auszuschöpfen und zu warten, bis die meiste Molke abgelaufen ist. Dadurch ist es auch möglich, sogenannte Schichtkäse zu machen. Man schöpft dann eine fettreichere Dickete - wenn sie zu erkennen sein soll, muß sie angefärbt sein - nach. Stattdessen kann man auch einen mit Möhrensaft gefärbten Ansatz nehmen, oder man streut schichtweise Kräuter, oder Gewürze ein. Hier sind der Kreativität kaum Grenzen gesetzt.

Grenzen aber gibt es, was Form und Größe angeht. Die fertigen Käse sollten nicht höher sein als ihr Durchmesser und auch nicht mehr wiegen als 1 kg. Sonst sind sie schwer zu behandeln. Sogenannte

Rollen, besonders beim Ziegenkäse üblich, sollten besser aus fertigem Frischkäse geformt, statt geschöpft werden.

Frischkäse zum Verkauf

Natürlich hat man für zum Verkauf bestimmten Frischkäse dieselben Möglichkeiten, die hier beschrieben wurden.

Nur müssen grundsätzlich die gesetzlichen Bestimmungen eingehalten werden, und die sind bei Frischkäse so zahlreich wie bei keiner anderen Käsegruppe:

1. Nach der Käse-VO ist Frischkäse ein ungereifter bzw. nur ganz leicht gereifter Käse. Die Reifung wird durch eine Untersuchung des Eiweißabbaues festgestellt. Älterer Frischkäse, besonders wenn die Kühlung nicht perfekt war, kann deshalb schon als gereift gelten.

2. Dem Frischkäse dürfen keine Schimmel- und Hefekulturen zugesetzt werden. Bei Fremdschimmelbefall kann jeder Käse beanstandet werden. Dazu können schon die mit unbehandelten getrockneten Kräutern oder Gewürzen eingebrachten Schimmel ausreichen.

Jeder Frischkäse verheft sehr leicht, auch wenn man es noch nicht sieht oder schmeckt. Nur daraus, daß keine Kulturen zugesetzt werden dürfen, schließen manche Überwachungsbehörden, daß im Frischkäse keine Hefen sein sollten. So beanstanden sie teilweise Frischkäse mit einem Hefengehalt über 50.000 je g. Das ist ein Wert, den man bei von Hand gemachtem Käse kaum einhalten kann, besonders wenn dieser etwas älter ist. Andererseits, auch das muß erwähnt werden, gibt es vom Gesetzgeber hier auch keine Höchstgrenzen.

3. Frischkäse darf grundsätzlich nur aus einer pasteurisierten bzw. entspre-

○Tip für Hobbykäser: Trocknen von Frischkäse

Handgemachter Frischkäse ist auch gekühlt nur einige Tage richtig wohlschmeckend. Auch im Kühlschrank beginnt eine Verhefung, die man an grauen Stellen sieht. Dadurch wird der Käse schnell bitter schmecken. Da die Hefen Luft benötigen, sollte man die Oberfläche mit Folie bedecken. Beim Einfrieren wird dagegen die Struktur des Käses zerstört.

Eine andere Möglichkeit ist es, die Käse im Kühlschrank zu trocknen. Damit ahmt man ein uraltes Verfahren nach. In südlichen Ländern wurden die Käse im Schatten von Bäumen aufgehängt. Dort hat man allerdings eine nicht so hohe Luftfeuchtigkeit wie hier. Trotzdem kam es zu einem starken Verhefen. Die Käse hatten einen grau-bräunlichen Belag. Manchmal war zwischen diesem Belag und dem Käse eine fließende Schicht abgebauten Eiweißes. Solche Käse sind dort eine Delikatesse, entsprechen aber nicht dem hier gängigen Geschmack. Im Kühlschrank dagegen ist eine sehr trockene Luft und durch die tiefen Temperaturen ist die Verhefung nicht so stark.

Praktisch geht man so vor: Der Käse wird zu kleinen Käsen mit großer Oberfläche geformt. Dazu eignet sich eine Ringform, aber auch jede andere Form ist möglich. Ist die Masse noch weich, stellt man sie mit der Form in den Kühl-schrank. Sonst kann man die Form auch gleich abziehen, spätestens nach ca. 12 Stunden ist das auf jeden Fall möglich. Die Käse werden dann täglich einmal gewendet. Da sie vor allem anfangs noch etwas nässen, stellt man sie am besten auf eine mit einem Tuch ausgelegte Unterlage. Nach zwei bis drei Tagen haben sie dann etwa die Festigkeit eines Camemberts.

Zum richtigen Zeitpunkt, die Oberfläche muß noch etwas feucht sein, kann man sie in Kräutern und Gewürzen wälzen. Danach müssen die Käse, um ein Vertrocknen zu vermeiden, eingepackt werden. Dazu eignet sich Zellglas. So sind die Käschen gekühlt noch 4 Wochen haltbar.

Eine andere Möglichkeit ist es, daß man den getrockneten Käse in einen Raum oder Schrank mit höherer Luftfeuchtigkeit bringt. Dann kann man sie mit Camembertschimmel überwachsen lassen oder auch mit Rotschmiere schmieren. Selbst einen roquefortähnlichen Käse kann man herstellen. Dann vermischt man den Frischkäse mit einem fein zerriebenen Stück getrocknetem Edelpilzkäse. Nach dem Trocknen werden sie mit einer dicken Nadel durchstochen, je Quadrätzentimeter etwa einen Stich. Nach etwa 14 Tagen hat man dann einen Innenschimmel.

So ist es möglich, aus einem einzigen Frischkäseansatz praktisch eine ganze Käseplatte zu machen.

chend wärmebehandelten Milch hergestellt werden.

Ausnahmen gelten hier für aus Vorzugsmilch hergestellten Käse und für Frischkäse, der direkt ab hof verkauft wird. Nach der neuen Milch-VO gilt dies auch für Ziegen- und Schafsfrischkäse.

Will oder besser muß man eine Pasteurisierung bzw. Wärmebehandlung durchführen, ist dies grundsätzlich genehmigungspflichtig. Die Bestimmungen sind aber nur auf Molkereien zugeschnitten. Im Kleinen kann man sie ganz paragraphengetreu nie erfüllen, auch nicht mit einem Schreibthermometer, wie es gebietsweise verlangt wurde.

Die beste Möglichkeit ist es, die Milch auf 90 bis 95° C ca. 30 Minuten erhitzen. Das geht am besten im Wasserbad. Damit erfüllt man alle Temperaturbedingungen im Übermaß. Durch die hohen Temperaturen kommt es zu einer Gerinnung des Albumins. Und das führt zu einer Erhöhung der Ausbeute um 5-10%, was die Erhitzungskosten ausgleicht. So hergestellter Frischkäse ist länger haltbar. Das Ganze hat aber den Nachteil, daß man zu einem völlig anderen Erzeugnis als bei der Verwendung von Rohmilch kommt. Der Molkenablauf verzögert sich, man sollte daher etwas mehr Lab zusetzen.

Verpackung

Bei Frischkäse sollte man das Wort „frisch" wirklich wörtlich nehmen. Ein Frischkäse aus Rohmilch, aber auch aus erhitzter Milch, ist ganz frisch eine Delikatesse. Es gibt kaum etwas Vergleichbares. Schon nach wenigen Tagen ist er nicht mehr ganz so gut, und selbst bei Kühlung ist nach 14 Tagen die ganze Herrlichkeit vorbei. Man sollte deshalb gezielt hinsichtlich des Verbrauchs oder Absatzes produzieren, damit man beim Abhofverkauf zumindest für die Hauptverkaufstage ganz frische Ware hat.

Auch das bereits beschriebene Trocknen der Käse in der Kühlung kann man professionell machen, um Überschüsse

haltbarer zu machen. Gerade beim Abhofverkauf kann so das Sortiment ohne großen Aufwand beträchtlich vergrößert werden.

Die geringe Haltbarkeit sollte bei Portionspackungen auch Einfluß auf die Verpackungsgröße haben. Einheiten von 200 g sollten nicht überschritten werden, bei Ziegen- und Schafsfrischkäse sollte man noch geringere Mengen wählen.

Für Großpackungen, die dann vom Handel lose verkauft werden, sollten bei Kuhmilch Größen von etwa 1 kg, bei Schaf und Ziege 500 g das Maximum sein. Denn bei diesen Käsen sind die Umsätze immer geringer. Kleine Gebinde haben den Vorteil, daß die nicht im Anschnitt befindlichen in der Verpackung und in der Kühlung verbleiben können.

Das sollte sich auch bei den Haltbarkeitszeiten widerspiegeln. Eigentlich sollte man nicht länger als eine Woche angeben. Alles, was darüber ist, sind Kompromisse, die manchmal auch vom Handel erzwungen sind.

Nur man sollte immer bedenken, daß der Käse nach dem Kauf nicht sofort und auch nicht vollständig gegessen wird. Dabei sollte man sich an den Schichtkäse erinnern. Er war sehr lange Zeit ein Verkaufsschlager. Aber nur solange er täglich frisch an den Milchhandel geliefert wurde. Heute spielt er keine Rolle mehr, weil er bei den heutigen Vertriebswegen einfach zu alt ist, bis er verzehrt wird.

Um in der Hofkäserei den Frischkäse länger haltbar zu machen gibt es eigentlich nur eine Möglichkeit: die Vakuumverpackung wie sie auch für Fleisch und Wurst verwendet wird.

Durch den fast totalen Luft- und Sauerstoffentzug sind Haltbarkeiten bis zu 4 Wochen in der geschlossenen Packung möglich. Allerdings ist auch das ein Kompromiß. Man schützt den Käse zwar vor einem bakteriologischen Verderb, aber das geht auf Kosten des Geschmacks. Durch die Verpackung kommt es hier zu einer gewissen Standardisierung.

Verpackungsmittel

Kunststoffdose

Am praktischsten sind nicht zu tiefe Kunststoffdosen. Sie gibt es in verschiedenen Größen bis zu 1 kg Inhalt. Sie lassen sich einfach von Hand füllen. Besonders, wenn der Frischkäse nicht vorher gekühlt ist. Der Deckel ist elastisch und legt sich deshalb fest auf die Ware. Das ist sehr wichtig, denn wenn zwischen Ware und Deckel Luft ist, kommt es schnell zu Verhefungen, die dem Verbraucher später beim Öffnen sofort ins Auge fallen.

Man sollte deshalb die Dosen immer voll machen, auch wenn das mit etwas Übergewicht verbunden ist. Man muß dabei auch in Kauf nehmen, daß bei wasserhaltigem Käse zwischen Deckel und Dose leicht etwas Molke austritt.

Stellt man Käse mit Kräutermischungen her, kann man damit die Oberfläche bestreuen, besonders Thymian-Mischungen sollen ein Verhefen verhindern.

Gläser

Gläser sind heute als Mehrwegverpackung „in". Aber sie haben Nachteile. Sie haben meist eine hohe Form, oft mit verjüngter Öffnung. Dadurch wird das Füllen erschwert. Der Deckel, meist „Twistoff", ist starr. Deshalb hat man oft Luft zwischen Füllung und Deckel. Das mag gehen, wenn der Käse mit Kräuter oder Gewürzen bestreut wird. Sonst wird man

sicherheitshalber eine dünne Folie auflegen müssen.

Ein anderes Problem ist die Rücknahme der Gläser. Auch wenn es optisch so scheint, sauber sind sie dann meist noch lange nicht. Und angetrocknete Reste lassen sich nicht mit den üblichen Reinigungsmitteln in Geschirrspülautomaten entfernen. Die Gläser sollten dann vorher mit einem milchwirtschaftlichen Reinigungsmittel eingeweicht werden.

Diese gebrauchten Mehrweggläser gehören auf keinen Fall in die Käseküche. Und der Twist-off-Deckel ist nur für eine einmalige Verwendung geeignet.

Verpacken von Käsen, die in Einzelformen geschöpft wurden

Das Verpacken von solchen Käsen macht die wenigsten Probleme, wenn man diese frisch verkauft. Sie sehen attraktiv aus. Man kann sie beim Verkauf einzeln abwiegen, vielleicht in eine Kunststoffdose legen oder etwas einwickeln.

Arbeitet man mit großen Formen, hat man tortenähnliche Stücke, die man teilt.

Beim Verpacken für Wiederverkäufer dagegen gibt es Schwierigkeiten. Einmal kann man nie gewichtsgenau schöpfen. Beim Selbstbedienungs-Verkauf muß man sie entweder auf einheitliches Gewicht bringen oder u.U. zusätzlich den Kilopreis angeben.

Die Käschen lassen sich frisch schwer einwickeln. Man wird sie erst gut durchkühlen müssen und dabei auch nachtrocknen, damit sie später nicht nässen.

Als Einwickler kommen Zellglas oder echtes Pergament in Frage.

Zellglas ist dabei am attraktivsten und auch praktisch, weil die Faltungen noch leicht etwas verschweißt werden können. Das Problem ist immer, die Verpackung festanliegend um den Käse zu bringen, damit keine Verhefungen entstehen.

Vakuumverpackung

Voraussetzung ist ein Vakuumverpakkungsgerät, und es müssen Spezialfolien, meist als Beutel, verwendet werden. Solche Beutel gibt es auch aus Zellglas.

Da man die Käse kaum in den Beutel bekommt, ohne daß die Folie verschmiert wird (noch schlechter bekommt sie der Verbraucher wieder heraus), sollten die Stücke erst mit Folie umwickelt werden, am besten mit Zellglas. Sie werden dann in den Beutel gesteckt und eingeschweißt. Das Vakuum sollte mindestens 0,85 betragen. Das schaffen auch Pumpen für Melkanlagen. Auch bei dieser Art der Verpackung ist viel Handarbeit dabei.

Hilfsmittel zum Dosieren

Verpacken von Hand ist immer sehr arbeitsaufwendig. Rechnet man konkret nach, ist es oft teurer als die Ware.

Aber wo es für die Industrie vollautomatische Verpackungsstraßen gibt, gibt es im Kleinen so gut wie gar nichts.

Die Wurstpresse aus Fleischereien ist eine der wenigen Möglichkeiten. Sie besteht aus einem Zylinder mit Kolben. Der Zylinder wird mit der Ware, also mit Frischkäse, gefüllt. Über eine Spindel wird dann der Kolben nach unten gedrückt. Für die Öffnung gibt es verschiedene Formstücke. Sie arbeiten ab 200 g ziemlich gewichtsgenau und bieten sich auch wegen der Formstücke geradezu für die Herstellung von Rollen an. Aber mit der vordosierten Menge können, dann wieder mit Handarbeit, Kunststoffdosen gefüllt werden.

Frische Labkäse

Frische Labkäse werden in einigen Ländern seit langem hergestellt, vor allem aus Schafs- und Ziegenmilch und traditionell aus Rohmilch. In bestimmten Ländern ist das auch heute noch möglich. Sie werden etwa so eingelabt wie Weichkäse, also mit mehr Lab als beim eigentlichen Frischkäse. Oft verzichtet man auf den Zusatz von Milchsäurebakterien, teilweise wird etwas Molke zugesetzt.

Auch dabei wird die Milch sofort nach dem Melken angesetzt und frühestens nach 24 Stunden, oft aber auch noch später, ausgeschöpft.

Während dieser Zeit ist natürlich viel mehr Molke ausgetreten. Sie wird abgeschöpft. Der Bruch wird dann so, oder auch geschnitten, ausgeschöpft. Dabei verwendet man oft sehr hohe Formen, so daß Käse in Rollenform entstehen. Teilweise werden die Käse bis zum Verkauf in Molke gelegt. Einmal säuern sie dadurch nach, zum anderen wird ein Verhefen der Käse verhindert.

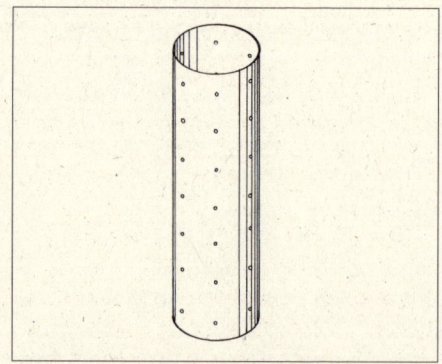

Hohe Form für Rollenkäse

Die Käse werden frisch verkauft. Nicht verkaufte Ware wird dann entweder reifen gelassen, oder aber auch in Salzlake oder Öl eingelegt. (Siehe S. 120 und 136)

Herstellung

Rechtlich kann ein so hergestellter Käse meist aufgrund seines Wff-Gehaltes (Wassergehalt in der fettfreien Trockenmasse) schon als Weichkäse eingestuft werden.

Bei der Erhitzung gelten die gleichen Bestimmungen und die gleichen Ausnahmen wie für Frischkäse. Die Bestimmung, daß keine Schimmel- oder Hefekulturen zugesetzt werden dürfen, entfällt bei Weichkäse mit allen Konsequenzen. Die korrekte Bezeichnung müßte dann lauten: Frischer Käse, Weichkäse.

Die Herstellung ist weitgehend wie bei Weichkäse. Bei erhitzter Milch kann man nie ohne Kulturen arbeiten. Molke als Kultur zu verwenden, ist ein zu großes Risiko.

Das gilt besonders, wenn der Käse später in der Molke aufbewahrt werden soll. Hier treten, das ist auch bei traditionellen Herstellern leicht der Fall, Geschmacksfehler durch eine falsche bakteriologische Entwicklung in der Molke auf.

Fehler bei der Frischkäseherstellung

Käsefehler durch coliforme Bakterien

Der schwerwiegendste Fehler entsteht durch coliforme Bakterien. Die angesetzte Milch enthält dann sehr viele dieser gasbildenden Bakterien. Diese Gase, darunter Wasserstoff, können aus der geronnenen Milch nicht entweichen. Sie sammeln sich in Bläschen, die der eigentlich schweren Käsemasse soviel Auftrieb gibt, daß sie im schlimmsten Fall oben auf der Molke schwimmt. Starke Infektionen sind aber auch schon vorhanden, wenn die Käsemasse wie ein U-Boot mitten in der Molke schwimmt, also nicht auf dem Boden liegt.

Ursache: Diese Bakterien, auch Schmutzbakterien genannt, kommen durch allgemeine Unsauberkeit, insbesondere aber beim Melken in die Milch.

Eine andere Möglichkeit bei Rohmilch: Die Kultur hat keine aktiven Milchsäurebakterien, denn diese verdrängen normalerweise die coliformen Bakterien, die in geringen Mengen immer in der Milch sind. Fehlen diese, können sich die Coliformen ungestört entwickeln. Auch die Molke als Kultur kann sich mit der Zeit immer stärker infizieren.

Ein so hergestellter Frischkäse gilt heute als nicht verkehrsfähig.

Käsefehler: Stückiger, griesiger Käse

Dieses Phänomen kann auftreten, wenn mit sehr hohen Temperaturen (40° C und mehr) angesäuert wird, normalerweise aber nur, wenn zuviel Lab zugesetzt wurde. Es hat sich dann gewissermaßen schon ein Bruch gebildet. Durch die später gebildete Säure ziehen sich die Stücke dann noch stärker zusammen, so daß sie mit normalen Mitteln nicht mehr verrührt werden können. Das wird oft absichtlich gemacht, weil ein solcher Frischkäse dem Hüttenkäse ähnlich ist.

Käsefehler: Zu saurer Frischkäse/Essigstich

Dieser Fehler ist eine reine Kulturenfrage. Er tritt meist auf, wenn Molke als Kultur verwendet wird. Schuld sind Hefen plus Essigsäurebakterien-Infektionen. Essigsäurebakterien können wie Essig zu einem übersäuerten Käse führen.

Sauermilchkäse

Sauermilchkäse wurden früher und natürlich auch heute noch vor allem in Mitteldeutschland hergestellt. Es gibt dafür unzählige Namen, am bekanntesten sind Handkäse, Mainzer und Harzer. Er wurde - genauso wie Kochkäse - sehr viel auf Bauerhöfen, ja selbst in Haushalten gemacht. Beide Käsearten werden aus Sauermilchquark hergestellt.

> ○ **Tip für Hobbykäser: Zur Bereitung von Sauermilchkäse kann sehr gut H-Magermilch verwendet werden. Die Herstellung selbst ist problemlos und lohnt schon, um einen guten Backquark zu bekommen.**

Sauermilchquark

Sauermilchquark wird grundsätzlich aus Magermilch hergestellt. Der Quark ist lediglich ein Rohstoff, aus dem dann die genannten Käsesorten gemacht werden. Dabei wird bei sehr hohen Temperaturen das Kasein der Milch durch Milchsäure ausgefällt. Es wird grundsätzlich ohne Lab gearbeitet.

Herstellung
Beim Ansetzen gibt es zwei Möglichkeiten:
1. Die Milch wird auf 35-40° C gebracht. Es werden mindestens 5% Kultur zugesetzt. Als Kultur eignet sich Joghurt pur oder mit Buttermilch vermischt. Es gibt auch Spezialkulturen.
Wird die hohe Temperatur durch eine gute Isolierung in etwa eingehalten, sollte sich nach 4 -6 Stunden eine feste Dikkete gebildet haben. Dabei kann man den Test für Labkäse anwenden. (Seite 94).
Der Bruch wird dann geschnitten. Danach soll sofort kräftig Molke abgesondert werden. Dann zerkleinert man die Säulen mit einer Kelle oder falls vorhanden auch mit einer Harfe oder einem Schneebesen so weit, daß die Stücke etwa Haselnußgröße haben. Dabei muß man vorsichtig arbeiten, damit nicht zu viel Käsestaub entsteht. Unter Rühren wird der Bruch dann auf ca. 40° C erwärmt. Die Stücke sollen dann die richtige Festigkeit haben. Man muß sie etwas drücken können, ohne daß sie gleich zerplatzen.
Nun läßt man den Bruch absetzen, schöpft oder saugt die Molke ab und füllt den Bruch am besten in Beutel, die dann auch sofort durch Auflegen von Gewichten usw. gepreßt werden. Wichtig dabei ist, daß der Bruch nicht zu stark abkühlt und daß die Beutel ein bis zweimal gewendet werden.
Der fertige Quark soll sich richtig trokken anfühlen, leicht zerkrümeln und sauer schmecken.
2. Bei dieser Variante sind im Grunde nur die Ansatztemperaturen anders: man arbeitet bei Zimmertemperatur mit der gleichen Kulturmenge. Es dauert natürlich viel länger (12-18 Stunden), bis die Dikkete die richtige Festigkeit hat. Sie wird dann genauso bearbeitet. Nur muß man hier noch vorsichtiger sein, weil alles weicher ist. Sobald man den Bruch rühren kann, wird er dann auf 40° C gebracht. Und dann geht es wie beschrieben weiter.

Wegen des hohen Säuregrades eignen sich nur Edelstahl, Kunststoff oder gut emaillierte Behälter für diese Bereitung. Bei anderen Werkstoffen, selbst Aluminium, kann es zu geschmacklichen Beeinflussungen, teils sogar zu Verfärbungen, kommen.

Fest in ein Gefäß gestampft und luftdicht verschlossen ist guter Sauermilchquark Monate bei Temperaturen um die 5° C haltbar. Im Gegensatz zu Frischkäse kann er auch eingefroren werden.

Bereitung von Sauermilchkäse

Dem fertigen Sauermilchquark setzt man etwa 3% Salz und, wenn man will, auch Gewürze (üblich ist Kümmel) zu, daneben eine Prise Natron, etwa 0,5-1%. Damit soll die Säure im Quark etwas neutralisiert werden, damit die Käse schneller reifen.

Das alles wird kräftig durchgemischt, damit der Quark möglichst feinkörnig wird. Und dann wird er geformt, am einfachsten durch Kneten mit beiden Handflächen, daher der Name Handkäse. Man kann ihn in Formen drücken, ja sogar mit einem Fleischwolf formen. Ist der Quark zu trocken geworden, kann man etwas Wasser oder Milch zusetzen. Die Größe der Käschen sollte 200-300 g nicht überschreiten. Die Käschen werden dann auf eine Unterlage gestellt, bei der möglichst auch von unten Luft an den Käse kommt. Sie werden durch die Salzzugabe anfangs etwas schwitzen. Wird dadurch die Unterlage zu nass, muß sie ausgewechselt werden.

In einem feuchten Raum und bei Temperaturen von ca. 15-20° C sind sie dann nach etwa einer Woche durchgereift. Die Reifung selbst kann man gut verfolgen. Der Käse wird vom Rand aus glasig, und wenn der weiße Kern verschwunden ist, ist der Käse durchgereift. Kommt er dann nicht in die Kühlung, wird er sehr schnell an den Rändern flüssig. Kommen die Käse aber noch nicht ganz durchgereift in die Kühlung - sie müssen dann in Pergament oder Zellglas eingeschlagen werden - sind sie wochenlang haltbar.

Man kann die Käse auch mit einer Camembert- oder Rotschmierekultur übersprühen. Beides wächst auch auf diesen Käsen.

Kochkäse

Auch Kochkäse wurde auf Bauernhöfen und in Haushalten hergestellt. Ausgangsbasis dabei ist auch Sauermilchquark. Er braucht für diesen Zweck und wenn er frisch verarbeitet wird nicht so trocken zu sein.

Dieser Quark wurde vorher einige Tage bei Zimmertemperatur ausgebreitet vorgereift und dabei mehrmals gewendet. Während dieser Zeit muß er vor allem vor Fliegen geschützt werden.

Es tritt dabei eine Verhefung und eine teilweise Reifung ein.

Diese Masse wird dann ebenfalls wieder mit Salz, Gewürzen und Natron vermischt, ähnlich wie beim Sauermilchkäse, und dann erhitzt. Weil die Masse sehr schnell anbrennt, macht man das am besten in einem Wasserbad, auf ca. 85° C für etwa 20 Minuten.

Dabei muß natürlich ab und zu gerührt werden, damit eine gleichmäßige, plastische Masse entsteht. Ist die Masse zu fest, kann man sie mit Milch oder Wasser verdünnen. Der Zusatz von Rahm oder auch Butter ist problematisch. Wenn, sollte dies unter kräftigem Rühren unmittelbar vor dem Ausgießen erfolgen. Bei diesem Vorgang trennt sich leicht Fett vom Eiweiß, was dann praktisch nicht mehr gleichmäßig zu verrühren ist.

Deshalb eignet sich auch nur Magerquark für die Bereitung. Die heiße Masse kann dann in Gläser gefüllt und sofort verschlossen werden. Das ergibt eine lange haltbare Konserve. Man kann sie aber auch in alle möglichen Formen füllen.

Die Herstellung von Labkäse

Vorüberlegungen zur Produktion

Während bei Quark und Sauermilchkäse die Herstellung immer nach dem gleichen Produktionsschema abläuft und erst aus dem gewissermaßen schon fertigen Produkt Käse verschiedener Variationen hergestellt werden, müssen beim Labkäse die Weichen für die spätere Entwicklung schon bei den Arbeiten am Käsekessel gestellt werden. Die spätere Entwicklung beim Reifen erfolgt dann in der schon vorgegebenen Richtung. Man hat nur noch geringe Einflußmöglichkeiten. Hier muß man also schon vor dem Einlaben wissen, welchen Käsetyp man produzieren will.

Dazu gehören besonders Überlegungen zur Geschmacksrichtung und zur Größe der fertigen Käse.

Geschmackliche Beeinflußung

Bevor wir nun zur eigentlichen Herstellung der Labkäse kommen, noch einige Bemerkungen zu den Möglichkeiten der Beeinflußung des Geschmacks der Käse.

Natürlich hat jeder, der mit dem Käsen beginnt, auch Vorstellungen, wie sein Käse schmecken soll. Es wurde schon erwähnt, daß kleine Käse allgemein pikanter sind. Aber auch da gibt es Ausnahmen, besonders, wenn große Käse lange reifen. Fette Käse sind im allgemeinen milder.

In der Regel aber wird man in der Kleinkäserei zu wesentlich pikanteren Käsen kommen, als sie heute im Handel üblicherweise angeboten werden. Und gerade für solche Käse bestehen nach meiner Ansicht große Marktchancen. Während es bei milderen Käsen ein totales Überangebot gibt, gibt es nur wenig pikantere Käse im Angebot. Selbst die vielgerühmten französischen Käse bilden da keine Ausnahme, jedenfalls was den Exportkäse betrifft, denn dabei handelt es sich heute auch nur noch um Industriekäse, Ausnahmen sind selten.

Wenn man auf einen ganz bestimmten Geschmack hin produzieren wollte, würde das bedeuten, ein bestimmtes Rezept zu kopieren. Als Konsequenz würde das auch einen klimatisierten Reifungsraum und andere exakt steuerbare Voraussetzungen usw. bedeuten. Aber letztlich zeigt die Erfahrung immer wieder, daß es, solange man handwerklich arbeitet, doch Unterschiede gibt. Man sollte sich deshalb nur auf einen bestimmten Käsetyp festlegen und dann abwarten, was daraus wird. Wichtig ist, daß man zuerst einmal eine in etwa gleichbleibende Produktion bekommt. Erst danach kann man an geschmacklichen Nuancen arbeiten.

Bemerkungen zur Käsegröße

Besonders für Leute, die ihren Käse verkaufen wollen, kann die Frage der Käsegröße von großer Bedeutung sein. Genau wie die Art des Käses wird auch seine Größe mit der Auswahl der Form nach dem Schöpfen für immer festgelegt. Vorschriften über die Größe des Käses gibt es, abgesehen von den Vorschriften für Standardsorten, im Grunde nicht, auch wenn es, wie später beschrieben, durch die Eichordnung gewisse Auflagen gibt.

Man hat hier also im Grunde freie Gestaltungsmöglichkeiten.

Allgemein gilt: Je größer ein Käse ist, desto fester muß er ausgearbeitet werden und um so geringer ist die Ausbeute. Große Käse sind allgemein milder und haltbarer.

Früher war es so, daß die großen Käse in marktfernen, die weichen und weniger haltbaren dagegen in der Nähe von Ballungsgebieten hergestellt wurden. Durch Kühlung und eine entsprechende Verpakkung spielt das heute keine Rolle mehr. Trotzdem wird es eine Anzahl von Überlegungen bei der Wahl der richtigen Größe geben.

Gesetzliche Vorschriften

Nach der Eichordnung müssen Käse unter 500 g einzeln gewichtsmäßig deklariert werden, und was noch wichtiger ist, sie müssen bestimmte Gewichtsstufen haben. Das beginnt bei 50 g, geht über 62,5 g, 100 g, 125 g, 150 g, 200 g, 250 g usw.

Bei abweichenden Gewichten muß der Kilopreis angegeben werden. Das ist kein Problem für Hof-Verkäufer, es genügt ein entsprechendes Schild. Aber wer kennt schon die Verkaufspreise seiner Wiederverkäufer, damit die Käse entsprechend ausgezeichnet werden können. Außerdem macht das Auszeichnen der einzelnen Stücke viel Arbeit.

Muß man den Käse in bestimmten Gewichtsstufen produzieren, so wird das durch gewisse Toleranzen der Eichordnung etwas erleichtert. Trotzdem wird jeder Käse ein bestimmtes Gewicht haben müssen. Diese Anforderung war schon für den Fachmann schwierig, solange er mit der Hand schöpfen mußte. Letztlich läuft das darauf hinaus, daß man sicher-

heitshalber ständig übergewichtige Käse verkauft. Da man dies in der Preiskalkulation berücksichtigen muß, führt das zu einem unnötig hohen Stückpreis.

Wer die Herstellung solch kleiner Käse plant, sollte sich auf jeden Fall beim zuständigen Eichamt über alle Bestimmungen informieren.

Vor- und Nachteile beim Absatz kleiner Käse

Kleine, einzeln abgepackte und ausgezeichnete Käse werden im allgemeinen in Selbstbedienung verkauft. Sie liegen dann häufig unmittelbar neben attraktiv verpackten Industrieerzeugnissen. Da man aus verschiedenen Gründen im Kleinen seinen Käse nie so verpacken kann, bedeutet das schon vom Aussehen her eine gewisse Abwertung.

Andererseits gibt es auch Abnehmer, die eben nur abgepackte Ware führen dürfen oder wollen. In solchen Fällen ist natürlich die Herstellung und Auszeichnung kleiner Käse nicht zu umgehen.

Andererseits muß man auch bedenken, daß kleine Käse am einfachsten herzustellen sind, die Ausbeute entsprechend hoch und die Reifungszeit kurz ist. Auch liegt das Preisniveau bei kleinen Käsen im Verhältnis zum Gewicht höher als bei großen Käsen. Außerdem sind kleine Käse heute bei guter Kühlung und Verpackung über Wochen haltbar, wodurch man Absatzschwankungen ausgleichen kann.

Probleme mit der Gewichtsauszeichnung hat man nicht, wenn man Käse über 500 g produziert. Hier wird der Käse einfach nach Gewicht verkauft. Ob nun der einzelne Käse gewogen und ausgezeichnet oder nach Partiegewicht verkauft wird, ist Vereinbarungssache zwischen Hersteller und Abnehmer.

Gerade Feinkosthändler und Marktverkäufer - für den Kleinkäser wichtige Abnehmer - verkaufen solchen Käse lieber im Anschnitt. Dabei spielt dann auch die persönliche Beratung des Kunden eine Rolle.

Auch bei diesen Käsen gilt: Kleine Käse sind einfacher zu produzieren, bringen eine höhere Ausbeute, sind schneller gereift und allgemein pikanter. Weil sie schneller gereift sind, benötigt man weniger Kapital, das festgelegt ist, wenn Käse Monate reifen müssen oder sollen.

Aber die Käsegröße sollte auch in einem vernünftigen Verhältnis zur zu verkäsenden Milchmenge stehen. Wer täglich etwa 50 l zu verkäsen hat, schafft sich selbst Probleme, wenn er nun durchaus einen Käse mit einem Gewicht von 5 kg produzieren will, für einen Käse also schon etwa 40 l benötigt. Da die Milcherzeugung im Einzelbetrieb in der Regel ständig etwas schwankt, werden seine Käse also immer unterschiedlich groß, und er hat ständig Überschüsse an Milch. Natürlich kann man diese Milch tiefgekühlt aufbewahren, aber dazu benötigt man zusätzliche Geräte, und man hat zusätzliche Arbeit.

Da ist es einfacher, eine Größe zu wählen, in diesem Fall vielleicht 1 kg, wo die vorhandene Milchmenge sich auf mehrere gleichschwere Käse verteilen läßt.

Andererseits sollte man aber die großen Käse auch nicht verdammen, vor allem, wenn eine ausreichende Milchmenge vorhanden ist. Große Käse sind wegen der Stückzahl mit weniger Arbeitsaufwand verbunden, auch wenn nicht verschwiegen werden darf, daß während der längeren Reifung Fehler auftreten können, die bei kleinen Käsen nicht bemerkt würden.

Dem steht entgegen, daß es heute auf dem Markt kaum noch richtig ausgereifte Käse gibt. In der Regel wird ein Käse heute schon nach seiner Mindestreifezeit verkauft. Abgesehen von den typischen Hartkäsen wie Emmentaler machen nur die Holländer mit mehrjährigem Gouda eine Ausnahme. Ein voll ausgereifter Tilsiter wird heute überhaupt nicht mehr angeboten.

Für voll ausgereifte Käse benötigt man größere Käse mit mindestens 5 kg Gewicht. Man kann so vorgehen, daß der größte Teil des Käses, wenn er verkaufsfähig ist, also in der Regel nach 6-8 Wochen, verkauft wird, man also nur die besten Stücke weiter reifen läßt. Einmal wird so schon früher ein Teil des Kapitals wieder hereingeholt, andererseits kann man sich bei der Weiterreifung an die eigenen Möglichkeiten herantasten.

In jedem Fall sollte man sich vor Beginn der Produktion über die Käsegröße Gedanken machen. Wenn man später merkt, daß die Käse nur schwer abzusetzen sind, sollte man flexibel genug sein, die Produktion umzustellen und Käse in anderen Größen herzustellen. Denn häufig liegt der Grund für einen geschäftlichen Mißerfolg nur darin, daß die hergestellten Käse von der Größe her nicht marktgerecht sind.

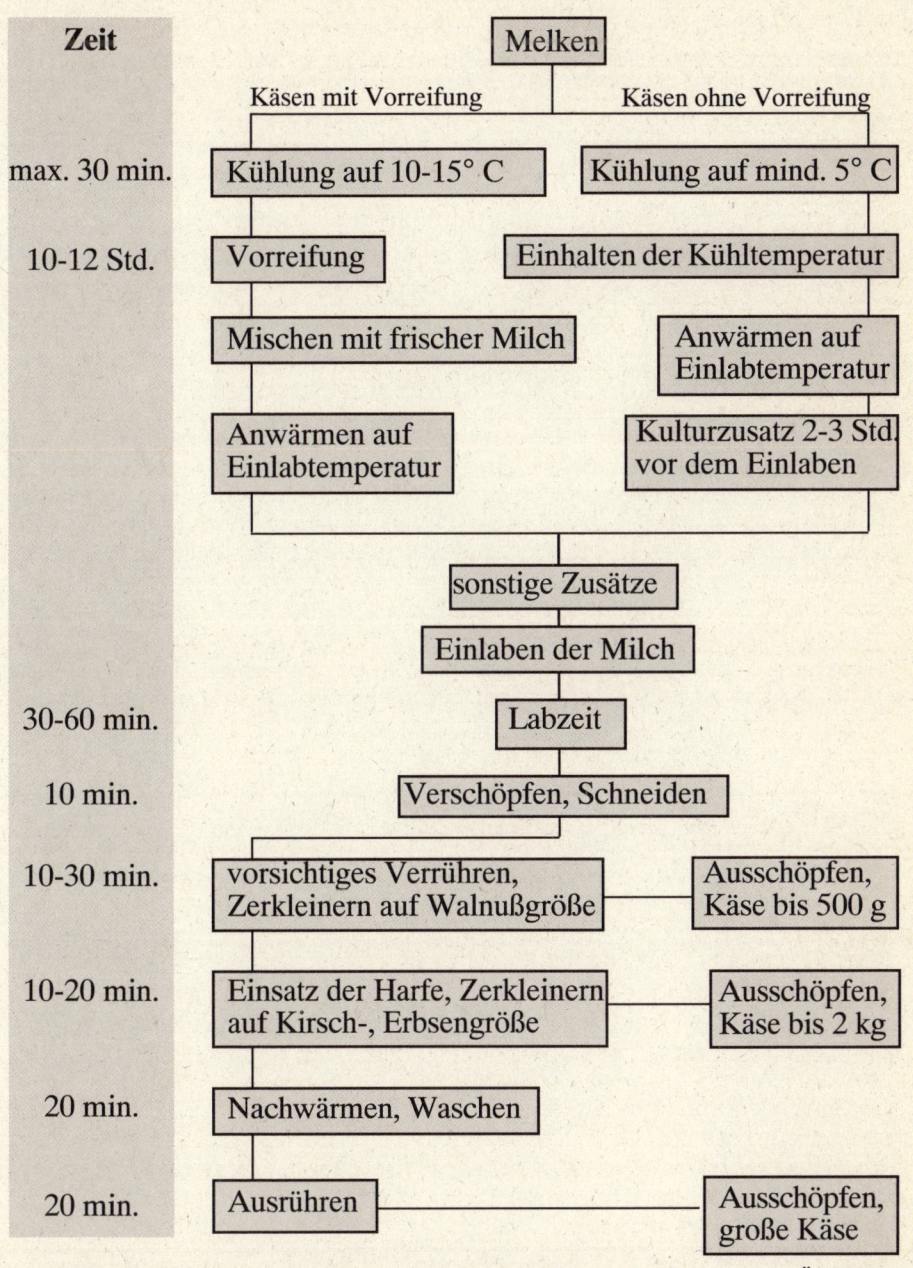

Zeit

	Melken
	Käsen mit Vorreifung / Käsen ohne Vorreifung
max. 30 min.	Kühlung auf 10-15° C · Kühlung auf mind. 5° C
10-12 Std.	Vorreifung · Einhalten der Kühltemperatur
	Mischen mit frischer Milch · Anwärmen auf Einlabtemperatur
	Anwärmen auf Einlabtemperatur · Kulturzusatz 2-3 Std. vor dem Einlaben
	sonstige Zusätze
	Einlaben der Milch
30-60 min.	Labzeit
10 min.	Verschöpfen, Schneiden
10-30 min.	vorsichtiges Verrühren, Zerkleinern auf Walnußgröße · Ausschöpfen, Käse bis 500 g
10-20 min.	Einsatz der Harfe, Zerkleinern auf Kirsch-, Erbsengröße · Ausschöpfen, Käse bis 2 kg
20 min.	Nachwärmen, Waschen
20 min.	Ausrühren · Ausschöpfen, große Käse

Die Standardarbeiten am Käsekessel vom Melken bis zum Ausschöpfen im Überblick

Arbeiten am Käsekessel

Die Arbeit des eigentlichen Käsens läßt sich nicht als ein exaktes, beliebig nachzuvollziehendes Rezept beschreiben. Der ganze Arbeitsaufwand wird weitgehend gefühlsmäßig bestimmt. Da sich die meisten Vorgänge, die über Erfolg oder Mißerfolg entscheiden, im bakteriellen Bereich abspielen, kann man während des Arbeitens nur schlecht kontrollieren, ob alles wie gewünscht funktioniert.

Wer die Möglichkeit hat, sich die Arbeit in einer Käserei einmal anzusehen, sollte diese Möglichkeit nutzen. Auch wenn das nur wenig übertragbare Erfahrungen bringt, so bekommt man doch einen Überblick.

Am einfachsten lassen sich noch die Temperaturen und Zeiten angeben. Man wird aber auch die Einlab- oder Nachwärmtemperaturen geringfügig ändern müssen, wenn es aufgrund der Beobachtungen am Kessel notwendig erscheint. Genauso wird man vorgegebene Zeiten über- oder unterschreiten müssen, wenn es der Zustand des Bruches erfordert. Das wichtigste ist also letztlich doch die Erfahrung.

Deshalb sollte man sich von Anfang an während des Käsens über alles Erwähnenswerte kurze Notizen machen. Ich kannte wirklich erfahrene Käser, die sich auch nach Jahren noch bei jeder Produktion Notizen machten und das bevor es wie heute ein perfektes Formularwesen gab. Der Vergleich dieser Aufzeichnungen mit dem fertigen Käse brachte dann immer verwertbare Hinweise. Man muß ja bedenken, daß man das Ergebnis der Arbeit am Kessel erst nach Wochen, oft erst nach Monaten, wenn der Käse gereift ist, endgültig sieht.

Da sich alle Vorgänge bei Labkäsen in etwa gleichen, wird der Ablauf einer Produktion beschrieben. Besonderheiten werden bei den speziellen Sorten beschrieben.

Einlabtemperatur

Zu Beginn muß die Milch auf die sogenannte Einlabtemperatur gebracht werden. Die natürlichste Einlabtemperatur ist im Grunde bei 37° C, also die Körpertemperatur. So kommt die Milch aus dem Euter, und bei dieser Temperatur wirkt auch das Lab im Magen. Wenn man Käse im Schnittkäsebereich mit Einlabzeiten von 30-45 Minuten macht, gibt es keinen sachlichen Grund, davon abzuweichen. Das gilt natürlich nicht für mikrobielles Lab.

Grundsätzlich niedrigere Temperaturen sind nötig, wenn man nicht mit Vollmilch arbeitet:

---

ca. 40 % F.i.Tr.   ca. 35° C
z.B. handentrahmte Abendmilch plus volle Morgenmilch

30 % F.i.Tr.   ca. 32° C
halb Magermilch - halb Vollmilch

20 F.i.Tr.   ca. 28° C
1/4 Vollmilch - 3/4 Magermilch

Einlabtemperaturen

Bei weniger Fett und hohen Temperaturen wird der Bruch sonst gummiartig, weil sich die Mizellen, von weniger Fett behindert, viel stärker zusammenziehen können.

Labdosierung

Die Angaben auf der Herstellerpakkung, ob nun als Labstärke oder als Dosierungsempfehlung, können immer nur Anhaltspunkte sein. Welchen Labzusatz man bei der gewünschten Labzeit benötigt, muß man selbst ausprobieren, weil jede Milch anders auf Lab reagiert. Neben der Temperatur spielt auch der SH / pH-Wert eine Rolle. Am einfachsten ist es, wenn man anfangs etwa 20-30 % höher als nach den Herstellerangaben empfohlen dosiert und sich langsam an die richtige Menge herantastet. Das bringt weniger Probleme als eine Unterdosierung.

Labzeiten

Fast alle in der Literatur angegebenen Labzeiten stammen von Rezepten für ganz bestimmte Käsesorten und in der Regel auch von konventionellen Käsereien. Sie sind auf deren Arbeitszeit- und Produktionsrhythmus zugeschnitten. Es gibt keinen Grund, sie zu kopieren.

Vielmehr ergibt sich durch die Labzeit die Möglichkeit, das Käsemachen auch dem Betriebsablauf in einem landwirtschaftlichen Betrieb anzupassen.

Denn eines muß klar sein: Hat man eingelabt, hat man enzymische Vorgänge eingeleitet, die nicht mehr zu bremsen sind. Das heißt, nach einer bestimmten Zeit muß mit der Bruchbearbeitung begonnen werden, ob man nun Zeit hat oder

nicht, wenn man nicht die ganze Produktion gefährden will.

Dabei spielt natürlich die Vorreifung und der Kulturzusatz eine Rolle. Auch den Fortgang der Säuerung kann man normalerweise nicht bremsen. Und wenn schon durch die gebildete Milchsäure eine Gerinnung erfolgt, kann man die Milch vergessen.

Bedenken sollte man, daß während der Labzeit die Wirkung der Milchsäurebakterien andauert, ja meist durch die richtige Einlabtemperatur noch beschleunigt wird. Damit wird auch wieder die Labwirkung gesteigert, die mit steigendem Säuregehalt zunimmt.

pH - Wert	Kälberlab Chymosin	normales Lab Pepsin/Chymosin
6,7	64 %	38 %
6,6	72 %	42 %
6,55	83 %	64 %
6,5	100 %	100 %
6,45	120 %	140 %

Labwirkung bei unterschiedlicher pH-Wirkung in % (Wirkung bei pH-Wert 6,5 = 100 %)

Bei kleinen Weichkäsen hat man hier einen großen Spielraum. Man kann mit Labzeiten bis zu 24 Stunden arbeiten. Die Temperatur muß immer über 20° C liegen, sonst wird die Labwirkung so gering, daß man Frischkäse bekommt.

Anders ist das bei Käsen im Schnittkäsebereich. Hier benötigt man eine bestimmte Labmenge, schon um die nötige Festigkeit zu erreichen. Und da das Lab bei der Reifung ebenfalls eine Rolle spielt, ist es auch nötig, um dem Käse seinen typischen Charakter zu geben.

Es ist deshalb einfacher, auch bei kurzen Labzeiten die nötige Labmenge zuzusetzen, dafür aber die Temperatur abzusenken, z.B. bei Vollmich auf ca. 32 ° C, wenn man eine Labzeit von 2 Stunden haben will, oder auf 24° C bei 4 Stunden.

Ganz kurze Labzeiten bekommt man, wenn man in Anlehnung an Butterkäserezepte arbeitet. Das heißt, Einlaben bei 40-42° C, Labzeit 15 bis 20 Minuten.

Entsprechend muß dann der Labzusatz dosiert werden. Die Bruchbearbeitung dauert etwa 20 Minuten. Wichtig ist ein anschließendes Nachgaren der Käse, 4-5 Stunden bei 35-40° C. Dagegen kann die Reifung dann bei normalen Temperaturen erfolgen. Bei diesen Käsen muß mit thermophilen Kulturen gearbeitet werden.

Einlaben

○ **Tip für Hobbykäser: Labtabletten lösen sich sehr langsam auf. Man kann den Prozeß beschleunigen, wenn man dem Wasser eine Prise Salz zusetzt.**

Vor dem Einlaben müssen alle Stoffe, die der Milch zugesetzt werden sollen, vermischt sein.

Ebenso sollten beim Einlaben möglichst keine Temperaturunterschiede zu den Heizquellen sein. Dadurch entstehen nach dem Zusatz von Lab ständig Strömungen, die den Labvorgang stören. Deshalb sollte man erst 20 Minuten nach dem letzten Anwärmen einlaben.

Flüssiglab wird der besseren Verteilung wegen am besten mit etwas Wasser verdünnt. Pulverlab und Labtabletten müssen vollständig in Wasser aufgelöst werden.

Nach diesen Zusätzen kann das eigentliche Einlaben erfolgen. Wichtig ist, daß das abgemessene Lab so schnell wie möglich in der gesamten Milch verteilt wird. Es darf an der Zusatzstelle nicht zu einem sofortigen Gerinnen der Milch kommen.

Bei größeren Milchmengen verdünnt man deshalb das Lab mit Leitungswasser etwa 1: 10. Bei kleinen Milchmengen kann man das Lab auch direkt zutropfen lassen. Immer muß die Milch vorher kräftig gerührt und das Lab dann gut vermischt werden.

Danach nimmt man durch das Eintauchen breitflächiger Gegenstände die Strömung aus der Milch. Das ist besonders bei kurzen Labzeiten wichtig. Es darf nie dazu kommen, daß in der Dickete später kreisförmige Risse sind, in der schon Molke steht.

Arbeitet man mit einem Rührwerk, werden die Schneidrahmen vor oder sofort nach dem Einlaben eingesetzt. Auch Harfen oder Handschneiderahmen sollte man im Kessel stellen, wenn sie auch zum Schneiden benutzt werden. Ein späteres Eintauchen in die Dickete würde an diesen Stellen zu einem starken Zerreißen führen.

Vorgänge beim Einlaben

In der ungeronnenen Milch (Fachausdruck = Solzustand), stoßen sich die Kaseinmizellen aufgrund unterschiedlicher elektrischer Aufladung gegenseitig ab.

Die Gerinnung erfolgt bei Frischkäse vorwiegend durch Milchsäure, bei anderem Käse durch Lab und andere Gerinnungsmittel.

In jedem Fall verliert das Kappa-Kasein bei der Gerinnung seine Schutzfunktion. Zugleich werden die Mizellen gewissermaßen umgepolt. Anstatt sich abzustoßen, ziehen sie sich an. Mit dieser eintretenden Gerinnung geht die Milch in den sogenannten Gelzustand über.

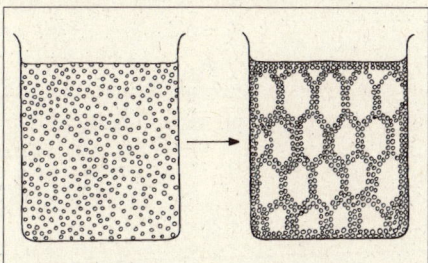

Übergang vom Sol- zum Gelzustand

Bei diesen Anziehungskräften spielt die Kasein-Alphafraktion eine große Rolle. Hier treten die Unterschiede zwischen Ziegenmilch einerseits und Kuh- und Schafsmilch andererseits deutlich auf: Ziegenmilch hat nur halb soviel Alphafraktionen, deshalb sind bei ihr die Anziehungskräfte geringer, und es ergibt sich immer ein weicherer Bruch. Deshalb ist Ziegenmilch eher für Frisch- oder Weichkäse geeignet. Wenn man, um nicht erhitzen zu müssen, in den halbfesten Schnittkäsebereich ausweicht, sollten Käse bis ca. 1 kg das Maximum sein.

Dieses Zusammenziehen der Mizellen, Synäresc genannt, wird nur durch die Temperatur beeinflußt. Es ist am stärksten bei ca. 40° C., nimmt bei sinkender Temperatur ab und hört bei 16° C auf.

Die Synärese kann nicht durch andere Kräfte, z.B. Pressen ersetzt werden.

Durch die Anziehungskräfte bilden sich netzartige Gebilde. Dieser Zusammenhang ist anfangs sehr locker. Gibt es nach dem Einlaben noch Strömungen in der Milch, werden einzelne Mizellen abgerissen und gehen verloren. Eine ähnliche Wirkung tritt bei Erschütterungen auf, z.B. wenn die eingelabte Milch auf einem Kühlschrank steht.

Bruchbearbeitung

Im Kessel hat man zu Beginn eine geronnene Milch. Diese besteht, auch wenn alles schon fest und stabil erscheint, im Grunde aus unzähligen winzigen Mizellen, die noch sehr locker zusammenhängen, weil die Molke zwischen ihnen die Bildung festerer Gebilde verhindert. Das bedeutet, besonders zu Beginn der Bruchbearbeitung muß man sehr vorsichtig sein. Mit jedem Schnitt reißt man unweigerlich Mizellen aus ihren Verbänden, die dann schon wegen ihrer Kleinheit verlorengehen.

Dagegen vertragen die später festeren Verbände schon eine kräftige Bearbeitung, die dann auch notwendig wird. Denn dieses Vergrößern der Oberfläche muß immer im Gleichklang mit dem Molkenaustritt, der Synärese, erfolgen. Bleiben die Bruchstücke zu groß, wird die Molke nur aus den Außenbereichen herausgedrückt. Die Folge ist hier eine feste Schicht, die dann einen weiteren Molkenabfluß aus dem Inneren unmöglich macht. Man spricht dann von hautigem Bruch.

Das ist bei großen Stücken noch kein Problem. Nur bei kleinen, so etwa ab 1 cm Durchmesser, kann die äußere Schicht so fest sein, daß das Bruchstück wie ein Ball von den Schneidgeräten abprallt, sich also kaum noch weiter zerkleinern läßt.

Bruchgröße und Festigkeit
Bruchgröße und Festigkeit stehen in engem Zusammenhang, wobei grundsätzlich gilt, je größer ein Käse werden

soll, um so fester muß der Bruch sein, d.h. um so weniger Molke darf er enthalten. Das ist rein statisch bedingt. Je größer ein Käse wird, um so mehr Festigkeit benötigt er, um ohne Form in etwa seine eigene Form zu behalten. Entsprechende Molke-Mengen können aber nur bei einer ebenfalls bestimmten Bruchgröße ausgestossen werden.

So kann bei kleinen Weichkäsen die Bruchgröße noch etwa wie eine Walnuß sein, wobei noch nicht von Festigkeit gesprochen werden kann.

Beim Emmentaler haben sie etwa Linsengröße und sind so fest, daß man sie mit der Hand kaum noch zusammendrücken kann.

Je länger aber der Bruch bearbeitet werden muß, um so größer werden auch die Verluste. Kommt man bei kleinen Käsen mit etwa 6 kg Milch je kg Käse aus, benötigt man bei großen 12 kg und mehr. Das gilt für Kuhmilch, wobei bei der Ausbeute neben den Verlusten natürlich auch der unterschiedliche Wassergehalt eine Rolle spielt.

Ein anderer wichtiger Faktor bei der Bruchbarbeitung ist die Temperatur. Das Herauspressen der Molke, die Synärese, ist nur temperaturabhängig. Auf der anderen Seite spielt gerade bei kleinen Mengen und womöglich zu kalten Räumen (die Raumtemperatur sollte immer über 20° C liegen), die Abkühlung eine sehr große Rolle. Deshalb - nimmt man den Weichkäsebereich aus - wird im Verlaufe der Bruchbearbeitung immer ein Nachwärmen notwendig sein. Zumal die Synärese auch nach dem Ausschöpfen des Bruches noch eine große Rolle spielt.

Die Frage, wann mit der Bearbeitung des Käsebruchs begonnen werden kann, läßt sich durch einen Test beantworten:

Man macht einen Schnitt in die Dickete, schiebt dann ein etwas breiteres Messer schräg unter den Schnitt und hebt es leicht an. Dann soll der Schnitt aufklaffen wie eine Wunde, und es soll sich klare Molke absetzen. Wenn man nach wenigen Sekunden das Messer wieder heraus zieht, sollte der Schnitt nicht ganz wieder zusammenfallen. Man kann das Messer auch ohne vorigen Schnitt anheben, dann soll die Dickete glatt brechen. Wenn man etwas mehr Erfahrung hat, muß man nur noch die Hand auflegen.

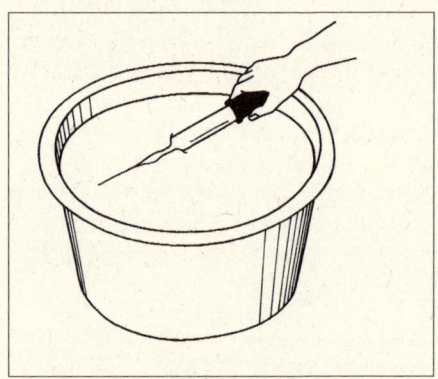

Test der Festigkeit der Dickete

Grundsätzlich sollte man bei kleinen Mengen lieber etwas länger warten. Zu lange gewartet hat man, wenn sich an den Rändern und der Oberfläche schon eine feine Molkenschicht gebildet hat.

Verschöpfen der Dickete

Bei stark aufrahmenden Milchen wie Kuh-, Schafs- und auch Jerseymilch kommt es, bevor eine Gerinnung einsetzt, immer zu einer Aufrahmung. Je länger die Labzeit gewählt wird, um so stärker ist zwangsläufig die Aufrahmung. Bei Ziegenmilch ist das aufgrund der feinen Fettverteilung kein Problem.

Diese Fettkonzentration kann dann nicht vom Eiweiß, dessen Konzentration ja in der ganzen Milch gleich ist, umschlossen werden. Dadurch geht es bei der Bearbeitung aufgrund des spezifischen Gewichtes nach oben und in die Molke über.

Um dieses aufgerahmte Fett in der Dickete zu halten, wird praktisch die Oberfläche der Dickete gewendet. Dazu hebt man mit einer Flachkelle oder Kufe etwa 2-3 cm dicke Stücke ab. Man hält die Kelle dann direkt über die Oberfläche, bei einer leichten Vorwärtsbewegung hebt man sie hinten etwas an, daß in der Kelle enthaltene Stück rollt dann mit der Oberfläche nach unten regelrecht ab.

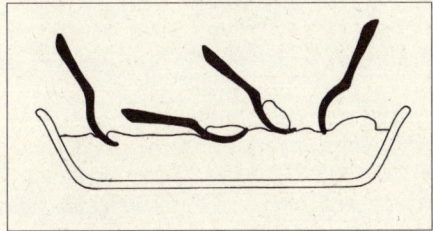

Verschöpfen der Dickete

Ob man dabei nun am Rande anfängt und die Stücke zur Mitte hin abrollen läßt oder umgekehrt, ist völlig egal. Jedenfalls muß die ganze Oberfläche abgehoben oder überdeckt werden.

Diese Arbeit ist eine reine Übungssache. Sie hat grundsätzlich nur einen Sinn, wenn dabei so gut wie keine Dickete zerschlagen wird, und verringert dann den Fettgehalt in der Molke um vielleicht 0,2-0,4 %, wobei die Molke besonders bei größeren Käsen, also stärkerer Bruchbearbeitung, auch dann noch einen Fettgehalt über 1 % haben kann.

Das Schneiden der Dickete

Nach dem Verschöpfen folgt das Schneiden. Es geht am schonendsten mit einem entsprechend langen Messer oder Metallstreifen. Dabei wird die Dickete bis zum Boden hin in quadratische Säulen mit etwa 5 cm Kantenlänge geschnitten. Das braucht man nicht zu messen, es sollte nur gleichmäßig sein. In den Schnitten soll sofort Molke austreten. Man kann dann ca. 10 Minuten warten, dann steht auch auf der Oberfläche schon Molke. Dann halbiert man diese Quadrate auf gleiche Weise. Man kann dann auch diagonal zu den ersten Schnitten schneiden. Auch danach muß man bis zur Weiterverarbeitung wieder etwa 10 Minuten warten. Jetzt spricht man von Käsebruch oder einfach Bruch (gebrochene Dickete).

Alternativ zum Messer kann man auch mit einer Harfe oder einem Schneidrahmen arbeiten. Es gibt auch Schneidrahmen mit Senkrecht- und Quermesser, so daß statt Säulen gleich Würfel geschnitten werden.

Diese Geräte sollte man gleich nach dem Einlaben in die Milch stellen. Beim Eintauchen dieser mehr oder weniger umfangreichen Geräte wird die Dickete stark zerstört. Auch sonst muß man mit diesen Geräten vorsichtig arbeiten. Dabei erübrigt sich in vielen Fällen ein zweites Schneiden.

Das erübrigt sich auch, wenn man mit dem Messer den Bruch gleich fein schneidet, also etwa in Abständen von 1-2 cm. Dadurch entstehen anfangs etwas größere Verluste, aber man hat danach praktisch eine halbe Stunde Zeit, bis man wieder arbeiten muß.

Auch beim Arbeiten mit einem Rührwerk werden die Schneidrahmen gleich nach dem Einlaben eingesetzt. Es wird dann mit der langsamsten Geschwindigkeit begonnen. Auch hier kann nach dem ersten Durchgang eine Pause eingelegt werden. Oft aber läßt man das Rührwerk weiterlaufen. Das hängt vor allem von der Geschwindigkeitsregulierung des Rührwerks ab. Moderne elektronisch geregelte können sehr langsam laufen.

Rühren und weiteres Zerkleinern

Bevor man mit dem Rühren beginnt, werden mit einer Kelle oder einem Messer die durch das Schneiden entstandenen Säulen in Würfel geschnitten. Danach wird vorsichtig versucht, die ganze Masse zu rühren. Nur so kann man die Temperaturunterschiede ausgleichen. Gleichzeitig werden dabei größere Stücke zerkleinert, damit sie annähernd gleiche Größe bekommen. So kommt man schon mit der Kelle auf etwa walnußgroße Bruchstücke. Das reicht, wenn man Weichkäse machen will. Die Dauer des Rührens liegt bei 10-20 Minuten.

Besonders vorsichtig muß man arbeiten, wenn wegen einer Verlängerung der Labzeit mit niedrigeren Temperaturen eingelabt wurde und man eine weichere Masse hat. Aber wenn ein Rühren möglich ist, kann vorsichtig mit dem Nachwärmen begonnen werden. Der Bruch verfestigt sich dann schnell.

Der Zeitpunkt, zu dem man vom Rühren zum Schneiden übergeht, ist schwer theoretisch zu bestimmen, für die Qualität ist er auch nicht ausschlaggebend. Aber in dieser Phase können große Verluste durch abgerissene Bruchteilchen, den sogenannten Käsestaub, entstehen. Dies geschieht, wenn man zu früh anfängt, dadurch, daß der Bruch noch zu weich ist. Fängt man zu spät an, muß man,

besonders bei größeren Mengen, den Bruch regelrecht schlagen, um ihn auf die gewünschte Größe zu bringen, und hat dann ebenfalls Verluste. Das gilt auch für die Drehzahlwahl bei Schneidwerken.

Man kann eigentlich nur auf die Molke achten, je trüber und weißlicher sie wird, um so mehr Staub enthält sie.

Mit den Schneidgeräten wird der Bruch dann auf die richtige, für den Käse später benötigte Bruchgröße gebracht:

Etwa Kirschgröße für Käse bis 1 kg.
Etwa Erbsengröße bis ca. 5 kg.
Etwa Linsengröße bei größeren Käsen.

Hat man die richtige Größe erreicht, ist das Vorkäsen beendet, danach beginnt das sogenannte Nachkäsen.

Ausrühren des Bruches

Nachdem man in etwa die gewünschte Bruchgröße hat, beginnt das sogenannte Ausrühren. Jetzt wird der Bruch nur noch in Bewegung gehalten. Das heißt, es wird jetzt wieder mit einer Kelle oder etwas Ähnlichem gearbeitet. Diese Aufgabe kann auch von einfachen Rührwerken übernommen werden, die nicht mehr als 50 U/min haben sollten. Man kann da mit einem Propeller, aber auch mit einem querstehenden Blech, arbeiten.

Bei Kessel mit Schneidrahmen werden Bleche vor diesen Rahmen gesetzt. Dadurch entsteht eine große Rührwirkung, so daß man dann das Werk langsam laufen lassen kann. Wichtig ist dabei immer, daß keine Bruchklumpen entstehen.

Früher war es üblich, den Bruch auch einmal absetzen zu lassen, weil man meinte, dadurch eine gewisse Pressung zu erzielen. Nur, die Synärese wird durch Druck nicht beeinflußt, also ist die Wirkung gering. Beim erneuten Aufrühren dagegen entstehen zwangsläufig Verluste.

Während des Ausrührens soll durch die Synärese weiter Molke aus den Bruchstücken gedrückt werden, was eine Zeitfrage ist. Bei größeren Käsen kann dieses Ausrühren deshalb eine Stunde und länger dauern.

Einflußgrößen für die Qualität des Bruchs

Natürlich gibt es viele Untersuchungsverfahren, um die Qualität des Bruches zu bestimmen. Nur bekommt man die Ergebnisse oft erst, wenn der Käse schon lange in der Form ist.

Ebenso gibt es viele Theorien. Aber am Kessel ist man allein und muß alle Entscheidungen nach Augenschein und Gefühl fällen. Dabei hilft sicher die Erfahrung.

Festigkeit des Bruches

Ein Festigkeitstest des Bruches ist sinnlos, wenn man Weichkäse macht. Bei den walnußgroßen Stücken kann man nur nach Augenmaß und natürlich nach der Zeit entscheiden.

Anders ist das bei größeren Käsen, also bei einem festeren Bruch. Hier gibt es nur die Handprobe. Man nimmt eine Handvoll Bruch aus der Wanne, drückt sie in der Hand, bei großem Bruch leicht, bei festerem Bruch für größere Käse stärker zusammen und muß dann fühlen, ob man nun schon ausschöpfen kann oder noch etwas weiterrühren muß.

Die so zu treffende Entscheidung hat später Einfluß auf die Qualität des Käses, sie ist aber auch betriebswirtschaftlich, d.h. was die Ausbeute angeht, von großer Bedeutung.

Zeit

Die Zeit ist bei der Arbeit am Kessel leicht zu messen, und man sollte es auch tun. Milchsäurebakterien, das Lab und die daraus folgende Synärese wirken im Grunde bei gleichen Bedingungen sehr präzise. Allerdings nur dann, wenn die vielen anderen Faktoren, z.B. Milchqualität, Temperaturen, Lab-Kulturen-Dosierung, auch entsprechend konstant sind. Gerade auf dem Hof hat man die Möglichkeit, diese Voraussetzungen weitgehend zu erfüllen. Konventionelle Käsereien müssen immer mit den Fehlern leben, die einzelne Milch-Lieferanten machen.

Temperatur

Die Temperatur ist wie die Zeit konkret meßbar und beeinflußbar. Kein anderer Faktor hat einen so großen Einfluß auf den zeitlichen Ablauf des Käsereivorganges.

Grundsätzlich aber darf man erst dann nachwärmen, wenn der Bruch schon gerührt werden kann.

Bei kleinen Mengen wird immer eine Abkühlung des Bruches auftreten, die durch höhere Einlabtemperaturen oder Nachwärmen kompensierbar ist. In beiden Fällen ist immer eine Anpassung an die Raumtemperaturen erforderlich.

Da durch eine Temperaturerhöhung die Synärese beschleunigt und der Bruch fester wird, wird die weitere Zerkleinerung meist vor dem Nachwärmen, also vor der Einstellung der Ausschöpftemperatur, vorgenommen.

Aussehen der Molke

Das Aussehen der Molke ist etwas, das nur subjektiv beurteilt werden kann.

Sie soll beim ersten Schneiden strohgelb und klar aus den Schnitten treten. So steht es in der Fachliteratur, und vielleicht ist es auch die passende Farbbeschreibung, also ein blaß-gelblicher Farbton einer sonst klaren Flüssigkeit.

Dagegen ist die Molke beim Frischkäse grünlicher. Hier ist der Säuerungsprozeß schon viel weiter fortgeschritten. Das macht es möglich, an der Molke zu erkennen, wie weit die Säuerung fortgeschritten ist.

Geht der Farbton der Molke ins Grünliche, ist die Säuerung für normale Labkäse schon zu stark. Eine Ausnahme machen Weichkäse mit sehr langen Labzeiten.

Es kann auch während des Käsens gewissermaßen zu einem Farbumschlag kommen. Das geht nicht sehr schnell, aber so ganz allmählich kann ein grünlicher Ton entstehen.

In beiden Fällen ist dieser grünliche Ton für den Käser ein Alarmzeichen. Eigentlich kann man dann nur noch versuchen, durch schnelleres Arbeiten den Käse so schnell wie möglich in die Formen zu bekommen oder durch Waschen des Bruches seinen Säuregehalt zu mindern.

Es wäre natürlich am besten, wenn die Molke auch beim Abschöpfen noch völlig klar wäre. Aber immer werden durch die Bearbeitung winzige Teilchen von den Bruchstücken abgerissen, der sogenannte Käsestaub. Und je trüber die Molke, um so trüber ist auch der Gewinn, also die Ausbeute.

Hundertprozentig vermeiden wird man diese Verluste nie. Aber durch eine Beobachtung allein der Molke kann man seine Arbeitsweise unter Umständen verbessern.

Oft braucht man bei größeren Käsen nur zeitgerechter zu arbeiten. Der Einsatz von Harfe oder Schneidrahmen darf zwar nicht zu spät erfolgen, aber auch nicht zu früh. Gerade hier ist die Bestimmung des richtigen Zeitpunkts entscheidend.

Waschen des Bruches

Beim Waschen des Bruches wird ein Teil der Molke durch Wasser ersetzt. Die Menge hängt dabei von der Art des zubereiteten Käses ab. Man kann 10 % Molke abnehmen, etwa ab dann wird eine Wirkung erkennbar, und rund 30 % sollten das Maximum sein. Der Zweck ist, dabei einen Teil des Milchzuckers, der ja in der Molke gelöst ist, zu entfernen und natürlich auch einen Teil der schon vorhandenen Milchsäure und einen entsprechenden Anteil der Milchsäurebakterien.

Dadurch wird vor der Reifung die Säurebildung im Käse vermindert. Der Käse wird im Geschmack milder. Ein anderer wichtiger Grund ist, daß schon ab etwa 10 % Wasserersatz der Teig geschmeidiger wird.

Praktisch wird man Molke problemlos erst dann abnehmen können, wenn der Bruch schon fester ist und entsprechende Molkenmengen frei sind. Dann läßt man den Bruch absetzen. Das Abnehmen geht am einfachsten, wenn man einen Schlauch als Saugheber benutzt. Das Mitreißen von Bruchstücken verhindert man durch ein Sieb vor dem Ansaugende, zur Not geht das auch mit den Fingern.

Beim Abschöpfen dagegen wird immer wieder Bruch aufgewirbelt. Man muß dann außerhalb des Kessels filtern, wobei diese Bruchkörner unnötig abkühlen.

In einer Notsituation, also wenn die Molke grünlich ist oder wird, kann man, falls Platz im Kessel ist, auch sofort Wasser zusetzen und später absaugen.

Das zugesetzte Wasser muß mindestens Trinkwasserqualität haben, und seine Temperatur muß der Bruchtemperatur entsprechen. Zu kaltes Wasser führt zu einem Abschrecken des Bruches. Dadurch wird die weitere Synärese beträchtlich gestört. Das Zusetzen des Wassers erfolgt besonders bei größeren Kesseln am praktischsten mit einer Dusche. Dabei muß natürlich der Bruch gerührt werden.

Muß der Bruch nachgewärmt werden, so kann das auch mit entsprechend wärmerem Wasser geschehen. Es kann bis etwa 60° C warm sein. Dann ist eine schnelle Vermischung noch wichtiger. Ob man beim Nachwärmen mehr oder auch weniger Wasser nimmt, als Molke abgenommen wurde, spielt keine Rolle. Entscheidend für die Wirkung ist nur die abgenommene Molkemenge.

Das Zusetzen von Gewürzen und Kräutern

Gewürze und Kräuter müssen wie auf Seite 64 beschrieben vorbereitet werden. Problemlos in den Bruch einrühren lassen sich eigentlich nur frische Kräuter. Sie sind spezifisch etwa gleich schwer wie der Bruch und lassen sich auch bei weicherem Bruch im Molke-Bruchgemisch gleichmäßig verteilen.

Getrocknete Kräuter, auch gefriergetrocknete, und Gewürze sind meist leichter und schwimmen oben. Sie gleichmäßig in einem Bruch-Molkengemisch zu verteilen, ist fast unmöglich.

Hier geht es nur, wenn man die Molke vor dem Ausschöpfen weitgehend ab-

saugt. (Vor und Nachteile S. Seite 105). Doch trotzdem entstehen bei weichem Bruch große Verluste durch Käsestaub, so daß diese Methode eigentlich nur bei festerem Bruch praktikabel wird.

Sonst sollte man die Zutaten besser während des Ausschöpfens schichtweise einstreuen.

Salzen des Bruches

Ein Salzen des Bruches war schon bei einigen alten Käsesorten üblich, z.B. beim Wilstermarschkäse. Es wird heute in Käsereien wieder verstärkt angewandt. Allerdings werden die Käse dann gepreßt, weil dabei das Bruchkorn so fest wird, daß der Bruch ohne Druck nicht mehr zu einem Käse geformt werden kann.

Versuche zeigen aber, daß man bei Käsen von 0,5 bis 2,5 kg Käsegewicht auch ohne Pressen im Bruch salzen kann.

Die Vorteile des Bruchsalzens sind offensichtlich:

Die spätere Salzbehandlung, ob Trockensalzen oder Salzbad, entfällt. Außerdem wird die eigentliche Bruchbehandlung verkürzt. Durch den Salzzusatz entstehen starke Diffusionsvorgänge, die dem Bruchkorn Molke entziehen. Es kann also früher ausgeschöpft werden. Dadurch können wahrscheinlich auch größere Ziegenkäse gemacht werden, ohne daß überproportional große Molkenverluste entstehen. Auch sonst werden die Molkenverluste geringfügig weniger.

Durch das Bruchsalzen ist das Salz sofort gleichmäßig im ganzen Käse verteilt, was bei Käsen dieser Größe die Reifungszeit um 10-25 % verkürzt.

Die Oberfläche des Käses wird schneller trocken, was vorteilhaft ist, wenn die

Käse gewachst oder mit Rindendispersion behandelt werden sollen.

Es gibt keine Rindenbildung. Früher war eine Rinde bei Käse als äußerer Schutz nötig, heute ist sie überflüssig. Die Käse werden ohnehin gekühlt und müssen deshalb zusätzlich verpackt werden. Eine Rinde ist deshalb heute nur Abfall.

Durch das Bruchsalzen kann der spätere Salzgehalt relativ genau berechnet werden. Man muß dabei berücksichtigen, daß ein Teil des Salzes mit der Molke wieder abgegeben wird. Salz löst sich nur in der Wasserphase. Man muß deshalb den Wassergehalt des Käses und auch den Wassergehalt der Milch kennen, um die benötigte Salzmenge zu berechnen. Dann muß man soviel Salz in der Wasserphase haben, daß der gesamte Käse den gewünschten Salzgehalt bekommt.

Ohne genauere Berechnungen kann man davon ausgehen, daß diese Käse einen Wassergehalt von ca. 50 % haben. Will man 1 % Salz im Käse haben, muß man also soviel Salz zusetzen, daß der gesamte Kesselinhalt 2 % hat. Man kann ja später bei den fertigen Käsen immer noch etwas korrigieren. Das muß man auch bei anderen Salzverfahren.

Nimmt man vor der Salzzugabe Molke ab, kann man Salz sparen. Der Salzgehalt muß dann nur noch auf die Restmenge bezogen werden.

Ein Nachteil des Bruchsalzens ist der höhere Salzverbrauch und, daß die Molke einen entsprechenden Salzgehalt hat, sich also eigentlich nur noch zum Verfüttern eignet. Wenn die Molke nur ein Teil des Futters ist, soll das ohne Probleme möglich sein.

Probleme beim Bruchsalzen können außerdem dadurch entstehen, daß der Bruch zu fest wird und sich durch das Eigengewicht nicht mehr richtig oder überhaupt nicht formen läßt.

Besonders bei noch größeren Käsen und höherem Salzgehalt muß man da sehr vorsichtig sein.

Formen der Käse - Ausschöpfen

Als nächster Arbeitsgang wird der Käsebruch in die Formen ausgeschöpft. Dafür gibt es je nach Größe und Art des gewünschten Käses und der verwendeten Formen verschiedene Arbeitsweisen.

Arbeiten mit Formen ohne Boden

Formen ohne Boden werden vor allem für kleine Käse im Weichkäsebereich verwendet. Man arbeitet dann mit einem sehr weichen Bruch, der etwa Walnußgröße hat.

Die Formen haben normalerweise einen Durchmesser von 8-10 cm und eine Höhe von 12-15 cm. Aber es gibt sie sowohl noch enger als auch bis etwa 20 cm Durchmesser mit entsprechender Höhe.

Sie stehen beim Ausschöpfen auf einer Matte, die heute meist aus Kunststoff ist. Über die Matte wird oft noch ein Tuch gelegt, um zu vermeiden, daß der Bruch zu stark in die grobporige Matte eindringt und es dann beim Wenden zu einem Einreißen der Unterfläche kommt.

Damit die Formen beim Einfüllen nicht kippen, aber auch um sie besser wenden zu können, werden sie meist in einen passenden Kasten gestellt. Das können auch handelsübliche Kunststoffkästen sein. Sie sollten dann einen geschlossenen Boden haben mit einem selbstgebohrten Abflußloch, sie sind dann einfacher zu reinigen (siehe Einrichtung S. 25).

Damit der sehr weiche Bruch nicht zu stark zerrissen wird, wird er mit einer Kelle regelrecht in die Form eingeschichtet. Fällt er in die Form, entsteht durch das Zersplittern viel Käsestaub, der zum einen verloren geht, der aber auch die Poren für den weiteren Molkenablauf verstopft.

Die Formen werden in Reihenfolge teilgefüllt. Also ein bis zwei Kellen in die erste Form, die gleiche Menge in die zweite, dritte usw. Dies macht man deshalb, weil das ausgeschöpfte Molke-Bruchgemisch nie aus gleichen Anteilen besteht, meist enthält es zuerst mehr Molke, dann mehr Bruch. So kommt man zu gewichtsgleicheren Käsen. Dazu trägt auch bei, daß man vorher aufgrund der Milchmenge und der zu erwartenden Ausbeute die Zahl der Formen errechnet.

Ausschöpfen mit Verteilblechen

Verteilbleche sind eine Art Kasten. Sie haben im Boden Öffnungen, deren Größe in etwa dem Durchmesser der Formen entspricht, mit solchen Abständen, daß sie genau auf zusammengestellte Formen passen. Der Bruch wird dann nur auf dieses Blech geschöpft und verteilt sich mehr oder weniger von selbst auf die darunter stehenden Formen.

Das bedeutet auf jeden Fall eine Arbeitsersparnis, schon weil man mit wesentlich größeren Kellen arbeiten kann. Nur kann man nicht mit ganz weichem Bruch arbeiten. Man benötigt einen Bruch mit etwa Kirschgröße, der so fest sein muß, daß er beim Fall in die Form nicht zerplatzt, so daß kein Käsestaub entsteht.

Ein weiteres Problem ist, daß das Verteilen des Bruches auf dem Blech viel Erfahrung erfordert. In der Regel werden die Formen in den Ecken, aber auch die an den Seiten weniger voll als in der Mitte. Vor allem wenn man das Blech auf weitere Formen umsetzen muß, sollte man hier auch mit Teilfüllungen arbeiten.

Temperaturen beim Abtropfen

Da hier mit viel Molke ausgeschöpft wird, dauert das Ablaufen der Molke entsprechend lange. Diese Zeit spielt qualitätsmäßig eine Rolle.

Arbeitet man mit kurzen Labzeiten, ist der Käse nur eine Stunde im Kessel und die Säurebildung entsprechend schwach. Vom Typ her aber ist solcher Käse ein Übergang von Frisch- zu Labkäse, also kann eine Nachsäuerung in den Formen durchaus wünschenswert sein, so daß Raumtemperaturen von 18-20° C ausreichend sind. Dadurch wird die Synärese, also der Molkenablauf, etwas gebremst, dafür können aber die Milchsäurebakterien im optimalen Bereich arbeiten. So schadet es auch nicht, wenn die Ablaufzeit 12 Stunden und mehr beträgt. Arbeitet man mit festerem Bruch, also mit einem Verteilerblech, geht der Molkenablauf ohnehin schneller vonstatten. Hier könnten, bei gleichen Bedingungen, die Temperaturen noch niedriger sein, also etwa 15° C. Denn wenn ein solcher Käse zu trocken wird, wenn also zuviel Molke abläuft, ist er geschmacklich höchstens noch die Hälfte wert.

Wer mit langen Labzeiten arbeitet - sie können bis zu 24 Stunden betragen - muß hier tiefe Temperaturen anwenden. Denn dann hat man schon eine starke Säuerung. Deshalb kann man durch höhere Temperaturen, um die 25° C, den Molkenabfluß beschleunigen.

Hier hat man mit einem Ablauftisch, in dem die Molke aufgefangen und warmes oder kaltes Wasser eingeleitet wird, mit der Temperaturführung keine Probleme.

Bei Formen mit größerem Durchmesser entstehen keine Probleme, solange man im Weichkäsebereich bleibt, also bei flachen Käse nach Art des Bries. Dann kann man wie beschrieben arbeiten.

Probleme gibt es bei größeren Käsen, also bei entsprechend festerem Bruch. Hier wird man immer Temperaturen im Bereich von 20° C benötigen, um einen schnellen Molkenablauf zu erhalten.

Dann aber werden die Käse an den Seiten nicht dicht. Es bleiben tiefe Poren offen, in die bei der Reifung Schimmel eintreten kann. Bei Rotschmierekäse führen sie zu einer unnötigen Verdickung der Rinde. In diesen Fällen sollte man lieber mit Formen mit Boden und Tüchern bzw. Netzen arbeiten.

Wenden der Käse in Formen ohne Boden

○ **Tip für Hobbykäser: Wenn man nur wenige Formen hat, sollte man sie auf ein Brett oder eine ähnliche Unterlage stellen. Als Matte genügt ein mehrfach gefaltetes Tuch oder entsprechend mehrere Tücher aufeinander.**

Zum Wenden legt man das Gleiche auf die Formen. Besonders bei selbstgemachten Formen rutschen die Käse besser, wenn man diese vorher leicht mit Speiseöl einreibt.

Einzeln sind die Formen ohne Boden schwer zu wenden. Es gibt deshalb dafür sogenannte Wendesätze. Das ist praktisch der gleiche Untersatz, auf dem die Formen beim Füllen stehen. Vor dem Wenden werden dann die gleichen Matten oder Tücher auf die Formen gelegt, der Wendesatz wird aufgestülpt, und fest zusammengepreßt wird der ganze Satz umgedreht. Ähnlich geht es, wenn man mit Kunststoffkästen arbeitet. Diese müssen dann etwas niedriger sein, etwa die halbe Formenhöhe, damit man sie auf die Formen pressen kann.

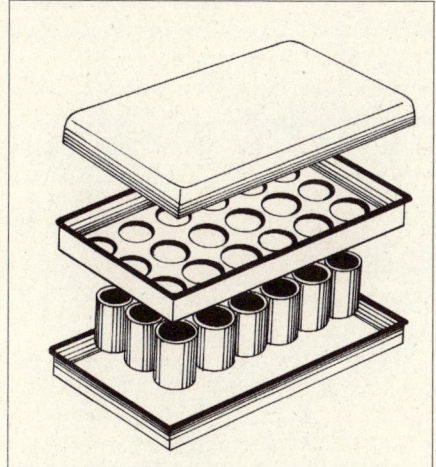

Wendekasten mit Verteilblech

Bei noch größeren Mengen kann man auch mit einem sogenannten Wendetisch arbeiten, der im Prinzip genauso funktioniert, es handelt sich dabei nur um einen in einem Gestell drehbaren, aber auch feststellbaren Rahmen. Darauf können oben und unten Deckel festgeklemmt werden, die dann Ablaufbleche sind. Die Formen werden bei unten eingesetzten Blechen gefüllt. Zum Wenden wird der Deckel mit den nötigen Unterlagen aufgelegt, festgeklemmt und die ganze Sache gewendet und wieder arretiert.

Nach jedem Wenden muß kontrolliert werden, ob alle Käse voll nach unten gerutscht sind, also wieder fest auf der Unterlage liegen.

Wie oft muß man wenden?

Wenden hat erst dann einen Sinn, wenn der Käse ohne Schaden in der Form nach unten rutschen kann. Zwar kann man, wenn der Bruch noch ganz weich ist, wenden. Nur wird er dabei leicht zerschlagen. Das bringt kaum etwas.

Danach kommt eine Zeitspanne, wo sich zwar schon ein Käse gebildet hat, er aber ohne Schaden das Wenden nicht übersteht, also auseinanderbricht. Und gerade bei den tiefen Temperaturen und dem geringen Druck vom Käse selbst formt sich danach der Käse nicht mehr zu einem zusammenhängenden Teig.

Bei sehr weichem Bruch, also wenn man mit der Kelle direkt befüllt, wird man erst nach 12-18 Stunden wenden können, bei festerem Bruch etwas früher.

Ein anderer Anhaltspunkt für den richtigen Zeitpunkt des Wendens ist die Beschaffenheit des Käses. Die Oberfläche des Käses darf sich nicht zu sehr verfestigen. Sie muß ja nach dem Wenden von dem geringen Gewicht des Käses wieder glattgedrückt werden. Bei kleinen Käsen mit geringer Höhe (Camembertformat) dürfte einmaliges Wenden reichen. Schließlich besteht hier beim Wenden immer die Gefahr, daß Käse beschädigt werden. Bei höheren Käsen wird man öfters wenden müssen. Aber man sollte bedenken, daß in der Höhe einfach Grenzen gesetzt sind, die in etwa bei halber Höhe des Durchmessers liegen.

Wie oft man wendet, wird immer von den speziellen Verhältnissen der Käserei abhängen. Die Bruchbeschaffenheit die Größe der Käse und die Raumtemperatur spielen dabei eine Rolle.

Ausschöpfen in Formen mit Boden

In Formen mit Boden kann man Käse von unter 500 g bis über 20 kg herstellen. Es können also Weichkäse sein, aber auch schon ausgesprochene Hartkäse.

Die Arbeitsweise ist im Prinzip immer gleich. Die Käse werden nicht gepreßt und das Formen der Käse geschieht ausschließlich durch Eigengewicht. Dehalb muß die Bruchfestigkeit immer der Größe des Käses angepaßt sein.

Der Bruch muß so fest sein, daß der Käse später eine gewisse statische Festigkeit erhält, sonst verliert er, wenn er aus der Form kommt, seine Form. Und schließlich muß er transportfähig sein, das heißt, wenn man ihn in einem Bereich anfaßt, muß man den ganzen Käse anheben können.

Dabei wird ein gewisses Verlaufen, d.h. daß der Käse nach dem Ausformen seinen Durchmesser vergrößert, fast immer erfolgen und in bestimmten Grenzen sogar erwünscht sein. Man bekommt dadurch schön abgerundete Seiten. Nur zu einer Rißbildung darf es nicht kommen. Auf der anderen Seite darf der Bruch auch nicht zu fest sein. Dann reicht das Eigengewicht nicht aus, um einen geschlossenen Käse zu bekommen. Ein gut geformter Käse soll eine geschlossene, möglichst porenfreie Oberfläche haben, und die Oberfläche soll geprägt sein von der Struktur des verwendeten Tuches.

Bei zu festem Bruch hat man mehr oder weniger tiefe Löcher an der Oberfläche. In extremen Fällen kann man dann selbst bei gereiften Käse noch die Umrisse der einzelnen Bruchkörner erkennen.

Was benötigt man:

Formen: Zylindrische oder leicht konische Behälter in der Regel aus Kunststoff. Diese haben im Boden und in den Wandungen Löcher zum Molkenabfluß.

Tücher: Sie müssen den Inhalt einer gefüllten Form umfassen und dazu so groß sein, daß man an ihren Zipfeln die Bruchmasse aus der Form heben kann.

Bei der Verwendung von Tüchern wird man an den Seiten immer Tuchfalten haben. Diese kann man begrenzt verhindern, indem man Tücher benutzt, die nicht zu groß sind und besonders bei kleinen Käsen aus feinen und leichten Stoffen sind.

Arbeiten mit Kadova-Formen

Kadova-Formen sind eigentlich Formen zum Pressen, also für vorgepreßten Bruch. Sie haben deshalb für den Molkenablauf zu wenig Löcher. Man muß sie zusätzlich einbohren. Das mindert ihren Wert nicht, wenn sie auch zum Pressen verwendet werden. Zum Wenden benötigt man ein zusätzliches Netz. Durch das Netz werden die Käse sehr formschön und faltenfrei.

Temperaturen

Das Zusammenwachsen des Bruches zu einem Käse setzt immer viel Wärme voraus. Das bedeutet, der Bruch muß vor dem Ausschöpfen immer schon eine bestimmte Wärme haben. Bei weicherem

Bruch sollten das mindestens 30° C sein, bei festem kann man bis auf 40° C gehen.

Dazu gehört aber auch eine entsprechende Raumtemperatur. Sie sollte nie unter 20° C liegen, besser bei 25° C. Gerade kleine Mengen kühlen am stärksten ab. Man kann das durch eine höhere Bruchtemperatur bedingt ausgleichen und eventuell die Formen nach dem Ausschöpfen abdecken.

Durch eine Abkühlung wird nicht nur die Synärese, also das Ausscheiden von Molke, verringert. Auch das Bruchkorn selbst erstarrt und verliert so seine Elastizität. Das führt im Grunde zu dem gleichen Fehler wie bei zu festem Bruch.

Auch hier eignet sich der bei Weichkäse beschriebene Ablauftisch sehr gut.

Ausschöpfen

Je schneller das Ausschöpfen geht, um so weniger Abkühlungsverluste hat man. Um zu möglichst gleich großen Käsen zu kommen, erfolgt es wie beim Weichkäse der Reihe nach durch Teilfüllungen. Am einfachsten geht das, wenn man zum Schöpfen die passenden Gefäße verwendet. Ihr Inhalt sollte etwa 1/5-1/3 des Forminhaltes betragen.

Nur bei ganz weichem Bruch sollte man zumindest anfangs den freien Fall in die Form dadurch mindern, daß man mit dem Schöpfgefäß möglichst tief in die Form geht. Sonst kann man den Bruch einfach in die Form schütten.

Um bei kleinen Mengen ein immer möglichst gleichmäßiges Molke-Bruchgemisch zu haben, kann man beim Eintauchen des Schöpfgefäßes eine zusätzliche Rührbewegung machen.

Erst bei größeren Mengen sollte eine zweite Person während des Ausschöpfens das Gemisch rühren, besonders wenn der Bruch mit Gewürzen und Kräutern vermischt wurde. Nur so kommt man zu einer gleichmäßigen Verteilung im Käse.

Absaugen der Molke

Nicht immer wird der Bruch mit der Molke ausgeschöpft, manchmal wird die Molke auch vorher ganz oder teilweise abgesaugt.

Das Absaugen von Molke kann notwendig sein, wenn man Gewürze zumischen oder im Bruch salzen will. Auch bei großen Mengen wird man es aus Arbeitsersparnis machen, wobei es im eigenen Ermessen liegt, wieviel Molke man abnimmt.

Die abgesaugte Molke kann man gut zum Anwärmen der Formen verwenden. Aber im allgemeinen bringt das Ausschöpfen zusammen mit der ganzen Molke nur Vorteile:

- Mit der Molke bringt man automatisch viel Wärme mit in die Formen und der Bruch kühlt weniger ab.

- Beim Absaugen der Molke muß man den Bruch absetzen lassen. Das spätere Aufrühren führt besonders bei weichem Bruch zu weiteren Verlusten. Es kommt zur Bildung von Klumpen, die wieder zerkleinert werden müssen. Sonst kommt es zu Molkennestern später im Käse.

- Durch die Molke werden die Bruchkörner gewissermaßen zusammengeschlämmt. Das ergibt eine gleichmäßige Lochung.

- Durch das Durchlaufen der Molke wird der Käse innen praktisch luftfrei. Das verhindert Fremdschimmelwachstum in den Bruchlöchern, hervorgerufen durch Luftinfektionen, die auf einem Hof bei entsprechender Witterung kaum vermeidbar sind.

Ausschöpfen mit eingelegten Tüchern

Hat man nur wenige Formen, legt man diese zweckmäßigerweise vor dem Ausschöpfen schon mit den Tüchern aus. Dadurch erfolgt der Molkenablauf viel schneller, andererseits rutschen die Tücher leicht in die Formen. Man muß so vorsichtiger, aber auch zügig schöpfen, weil die Molke schnell abläuft.

Ausschöpfen ohne Tücher

Bei einer größeren Anzahl von Formen wird man ohne Tuch arbeiten. Dann reicht auch der langsamere Molkenablauf, um zügig schöpfen zu können. Man hat keine Probleme mit verrutschten Tüchern. Ein weiterer Vorteil ist, daß die Oberflächen des schon in den Formen befindlichen Bruches nicht so lange molkefrei sind, also nicht so stark abkühlen. Das gilt besonders, wenn die Raumtemperatur relativ niedrig ist.

Eintuchen der Bruchmasse

Um den Molkenablauf zu forcieren, wird die in Formen befindliche Bruchmasse sofort eingetucht.

Dazu legt man ein Tuch über die Form, preßt es mit den Händen fest an die Form und dreht die Form um. Mit einer Hand werden dann die vier Zipfel gefaßt, mit der anderen wird die Form weggezogen und wieder aufrecht gestellt. Dann wird die im Tuch vorhandene Bruchmasse wieder in die Form hineingelegt.

Wenden der Käse

Gewendet werden die Käse praktisch mit dem gleichen Vorgang wie beim Eintuchen, allerdings zieht man jetzt zuerst die Zipfel des in der Form befindlichen Tuches, soweit es geht, über den Rand und legt ein neues auf. Dann wird die Form wie beschrieben umgestürzt. Bevor man die Bruchmasse im neuen Tuch wieder in die Form setzt, muß das alte Tuch entfernt werden.

Zweck des Wendens

Durch das Wenden soll zunächst der Molkenabfluß nur durch die dabei entstehenden Bewegungen beschleunigt werden. Später soll es zu einer geschlossenen, also möglichst porenfreien und glatten Käseoberfläche führen. Hinzu kommt vor allem bei höheren Käsen eine im ganzen Käse gleichmäßig verteilte Bruchlochung. Diese Qualitätsmerkmale entscheiden im Grunde darüber, wie oft im Einzelfall gewendet werden muß.

Man wird spätestens eine Stunde nach dem Eintuchen bzw. Umtuchen ein zweites Mal wenden müssen. Danach kann man die Abstände in etwa verdoppeln, aber auch versuchen, sie an den sonstigen Betriebsablauf anzupassen, damit das Wenden nicht vergessen wird. Insgesamt wird man 3-4 mal wenden müssen, wobei immer Faktoren wie Bruchbeschaffenheit beim Schöpfen, Salzen im Bruch, Raumtemperatur, aber auch das Verhältnis der späteren Käsehöhe zum Formendurchmesser eine Rolle spielen.

Austuchen der Käse

Sobald die Rohkäse so fest sind, daß sie nach dem Wenden ohne Beschädigung und Risse wieder ohne Tuch in die Form gelegt werden können, kann man das Tuch entfernen. Man sollte das nie übereilt machen. Beschädigungen, besonders Risse im Rohkäselaib, sind Schäden, die den Wert eines Käses mindern können.

Andererseits ist die Entfernung des Tuches vorteilhaft, weil Tücher immer Tuchfalten im Käse verursachen. Ist der Laib noch einigermaßen elastisch, werden diese Falten noch etwas verdrückt. Deshalb sollte man auch ohne Tuch später noch einmal wenden.

Ausformen

Dann werden die Käse aus der Form genommen. Auch hier sollte man den Käse so lange in der Form belassen, wie es der Arbeitsablauf möglich macht, in der Regel bis zum nächsten Morgen, also 18-20 Stunden.

Durch die erfolgte Abkühlung behalten die Käse nachher besser ihre Form und sind unempfindlicher gegen Beschädigungen.

Bildung der Bruchlochung

Die Bruchlochung entsteht in den ersten Stunden, also in dem Zeitraum, in dem der Käse noch gewendet wird. Der Käseteig wird dabei durch die Synärese, aber auch durch Abkühlung, immer fester, trotzdem fließt noch Molke ab. Es entstehen Hohlräume, die der unelastische, feste Teig nicht ausfüllen kann.

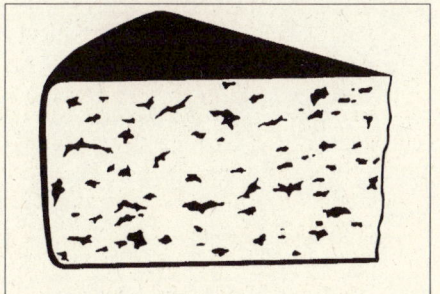

Käse mit Bruchlochung

Die Bruchlochung wird also bei Käsen, die schon aus festem Bruch geformt werden, immer ausgeprägter sein als bei Käsen aus sehr weichem Bruch.

An dieser Lochung kann sich ein Käser gut selbst kontrollieren. Ist sie gleichmäßig, hat er immer gleichmäßig gearbeitet.

Kühlung

Wenn die Käseformen gefüllt sind, soll anfangs Molke ablaufen, damit man annähernd den richtigen Wassergehalt hat. Das erfordert hohe Temperaturen.

Danach aber muß der Käse abkühlen, unter 16° C, damit der Molkenablauf unterbunden wird. Sonst wird der Käse zu trocken, ein Fehler, der in vielen Hofkäsereien vorkommt. Auch wenn zu trockener Käse meist durch das Klima im Reifungsraum entsteht, kann dieser Fehler schon hier eingeleitet werden, besonders im Sommer, wenn man im gesamten Käsereibereich höhere Temperaturen hat.

Umgekehrt kann der Käse im Winter so schnell abkühlen, daß der Molkenablauf besonders an der Oberfläche zu schnell unterbunden wird. Diese verfestigt sich und be- oder verhindert einen weiteren Molkenablauf aus dem Inneren, wo die Abkühlung später eintritt. Es entsteht gewissermaßen ein Molkenstau im Käse.

Das führt zu nässenden Käsen, also zu Käsen, die selbst im Reifungsraum noch Molke abgeben. Nässende Käse können aber auch entstehen, wenn die Synärese, also die Molkenabgabe, nie durch tiefe Temperaturen unterbrochen wurde.

Im Grunde kann man das nur mit dem auf Seite 25 beschriebenen Ablauftisch in den Griff bekommen, weil man sich damit weitgehend unabhängig von Außentemperaturen macht.

Pressen der Käse

Früher wurde der Käse in Käsereien und Alpkäsereien oft gepreßt. Hier wurde unter sehr primitiven Bedingungen und nach althergebrachten Rezepten gearbeitet. Und ganz sicher erschien es logisch, durch das Auflegen von Steinen und dergleichen den Molkenablauf beschleunigen, aber auch den Käse formen zu wollen.

Während sich das Pressen in den konventionellen Käsereien bald auf sehr wenige Käsesorten beschränkte, z.B. die Käse nach Holländer Art, muß man bei großen Berg- und Emmentalerkäse weiterpressen. Das gilt besonders für die Herstellung von Bergkäse in der Hofkäserei.

Dabei arbeitet man nach dem Prinzip der ursprünglichen Emmentalerherstellung: Mit einem Tuch, bei dem an einer Seite eine biegsame Eisenschiene eingewickelt ist, wird der gesamte Bruch herausgefischt. Mit dieser Schiene kann das Tuch fest über den Kesselboden gezogen und dann hochgezogen werden. .

Dann wird der Bruch samt Tuch in einen Ring gelegt, oder besser mit den Händen hineingepreßt. Dabei soll das Tuch möglichst faltenfrei um den Bruch liegen.

Der Ring hat in etwa die Höhe des späteren Käses, ist aber im Durchmesser verstellbar, so daß sich bei mehr oder weniger Bruch nicht die Höhe, sondern der Durchmesser des Käses verändert.

Wahrscheinlich weil man immer mehr Milch hatte, aber weiter mit den vorhandenen Formringen arbeiten wollte, fischte man den Bruch nicht mehr insgesamt, sondern in Teilmengen aus dem Kessel. Es erfordert dann schon einige Geschicklichkeit, immer gleiche Mengen zu bekommen.

Dabei arbeitet man mit sehr festem Bruch. Auch die nur ca. 10 kg schweren Käse liegen meist im Hartkäsebereich, der ja praktisch ohne Molke in die Form kommt. Zwangsläufig erfährt er auch noch eine Abkühlung.

Ohne zusätzliches Pressen würde man überhaupt nicht zu geschlossenen Käsen kommen.

Solange der im Tuch befindliche Bruch noch über den Formrand ragt, verwendet man sogenannte Pressbretter, die über die Formen gelegt und dann mit Gewichten beschwert werden.

Später, wenn die Höhe der Rohkäse niedriger als die Formenhöhe ist, werden die Käse einzeln durch das Auflegen von passenden Steinen oder Gewichten weiter beschwert. Die Käse müssen dann noch etwa insgesamt 5-7 mal gewendet werden.

Wie gesagt, diese Art der Käseherstellung ist sehr traditionell, wohl einige der wenigen, die sich über Jahrhunderte erhalten hat. Sie erfordert gerade beim Ausformen und Pressen viel Geschick und Erfahrung. Die Bruchbearbeitung selbst dagegen unterscheidet sich kaum von der schon beschriebenen Art und Weise.

Pressen bei Käsen nach Holländer Art

Ein besonderes Pressen der Käse ist immer dann erforderlich, wenn man durch eine Propionsäuregärung eine Rund- oder auch Gärlochung erreichen will oder wenn man einen völlig geschlossenen Käseteig haben will.

Bei der Rundlochung hat das Pressen den folgenden Zweck: Wie schon beschrieben enstehen nach der Verfestigung des Bruches durch den weiteren Ablauf von Molke Hohlräume (Bruchlochung).

Käse mit Gärlochung

Wenn bei solchen Käsen im Verlaufe der Reifung durch Propionsäurebakterien Gas gebildet wird, verteilt es sich in den vorhandenen Hohlräumen. Dadurch entsteht zwar ein entsprechender Geschmack, aber es bilden sich eben keine runden Löcher.

Durch das Pressen sollen nur die durch den Molkenablauf entstehenden Löcher wieder dicht gedrückt werden. Das wiederum bedeutet, daß alles nur einen Sinn hat, solange der Käseteig warm und damit verformbar ist. Deshalb dauert das eigentliche Pressen selbst bei großen Käsen nur ca. 2 Stunden.

Danach soll der Käseteig völlig geschlossen sein. Kommt es jetzt zu einer Gasbildung, muß diese sich neue Löcher in den Käse drücken.

Dabei sucht sich das Gas, auch wenn das mit dem Auge nicht sichtbar ist, Poren, d.h. weiche Stellen aus, die dann erweitert werden. Bei zu wenig gepreßten Käsen, also entsprechend vielen weichen Stellen, kommt es dann zu vielen kleinen Löchern.

Dabei bekommt man, je stärker man preßt, immer weniger Löcher, die dann entsprechend größer werden. So besteht die Gefahr, daß der Bruch zu unelastisch ist und durch den Druck reißt. Man hat dann einen von einem Loch ausgehenden Riß im Käse, wobei es unter Umständen zu einem völligen Durchreißen des Käses kommen kann, meist genau in der Mitte. Hier ist der Käse zuerst sauerstofffrei, beginnt also die Gasbildung. Bilden sich hier gleich zu Anfang Risse, strömt das auch später in den anderen Käsebereichen gebildete Gas in diese Hohlräume und verstärkt den Druck weiter.

Die Stärke der Gasbildung hängt natürlich auch von der Anzahl der Propionsäurebakterien in der Milch ab. Daraus ergeben sich bei Rohmilch Probleme.

Man hat früher in den Käsereien kaum mit Propionsäurebakterienkulturen gearbeitet. In einer Rohmilch waren sie normalerweise ausreichend vertreten und selbst nach einer Pasteurisierung reichte es noch. Dabei haben sicher auch Reinfektionen in der Käserei selbst eine Rolle gespielt, wobei aber immer wieder darauf hingewiesen werden muß, daß eigentlich nur in den Sommermonaten gekäst wurde.

Heute dagegen wird allgemein mit Kultur gearbeitet. Wie es mit der eigenen Milch steht, wird man nur durch Versuche feststellen können, wobei es auch bei dieser jahreszeitlich beträchtliche Unterschiede geben kann. Danach kann man entscheiden, ob bzw. wieviel Kultur man zusetzen muß.

Hat man, was ja auch möglich ist, eine zu starke Infektion mit diesen Bakterien, kann man sie durch eine stärkere Vorreifung zurückdrängen. Zwischen Milchsäurebakterien und Propionsäurebakterien besteht eine Art Antagonismus. Oder aber man muß etwas stärker salzen, denn Propionsäurebakterien sind salzempfindlich.

Einfluß auf die Molkenababe

Die Synärese selbst wird durch den Preßdruck kaum beeinflußt. Wenn trotzdem anfangs sichtbar viel Molke abläuft, so war sie schon vorher aus dem Bruch ausgetreten und wurde durch den Druck nur schneller herausgedrückt.

Probleme entstehen eigentlich nur, wenn durch das Pressen die Käsehaut zu stark verdichtet wird, so daß Molkenablauf kaum noch möglich ist. Auch das kann zu nässenden Käsen führen. Der Grund liegt meist in zu langen Preßzeiten, verbunden mit einer starken Abkühlung.

Praktische Durchführung

Zum Pressen benötigt man besonders dafür geeignete Formen mit einem passenden Deckel. Während früher stabile, leicht konische Holzformen mit passendem Deckel verwendet wurden, kommen heute praktisch nur noch Kunststofformen, die sogenannten Kadova-Formen (siehe S.24), in Frage.

Sie haben einen genau passenden Deckel, deshalb können die Formen praktisch zylindrisch sein. Sie haben Netzeinsätze, dadurch erübrigen sich Tücher, die früher auch beim Pressen zu Tuchfalten führten. So erhält man Käse mit schönem Aussehen.

Während sich die Holzformen relativ gut stapeln ließen, ist das bei den Kunststofformen schon durch die Deckelausführung schwierig. Sie sind deshalb für die bekannten Hebelpressen nicht besonders geeignet. Es kommt während des Pressens leicht zu Verkantungen, die einmal den Druck mindern und den Erfolg des Pressens in Frage stellen und natürlich zu schiefen Käsen führen. So eignen sich diese Formen im Grunde nur für eine Einzelpressung.

Die Deckelform ist für die Aufnahme des Druckkörpers konstruiert. Das kann man auch mit Hebelpressen machen. Allgemein aber hat sich das Pressen mit Druckluft durchgesetzt. Dann benötigt man zwar für jede Form einen Druckluftzylinder, hat aber den großen Vorteil, daß der Druck sehr genau geregelt werden kann, also alle Käse genau mit gleichem Druck gepreßt werden.

Vorpressen

Während bei konischen Formen der Deckel nur 3-4 cm in die Form gedrückt werden kann, man also nur Käse in ganz bestimmter Größe pressen kann, läßt sich bei Kunststofformen der Deckel weiter in die Form drücken. Theoretisch könnte man also auch noch Käse pressen, die wesentlich kleiner als die Form sind. Praktisch ist das aber mit Problemen verbunden. Nur geringe Abweichungen von der Senkrechten führen zu einem Klemmen der Deckel und wobei die Netzein-

110

sätze zerreißen können. Deshalb sollte auch hier der Deckel nur wenige cm in die Form selbst gedrückt werden. Also sollte der Käse in etwa so groß wie die Form sein.

Um eine entsprechende Füllung zu bekommen, werden die Käse vorgepreßt.

Nachdem der Bruch die richtige Festigkeit hat, wird die Molke vollständig abgelassen. Mit einem stabilen Lochblech wird der Bruch in bestimmter Höhe zusammengeschoben und dann durch aufgelegte Platten regelrecht gepreßt. Der so entstandene Bruchkuchen soll etwa Formenhöhe haben. Dieser Kuchen wird dann in gleich große Stücke geschnitten und mit der Hand in die Formen gepreßt. Dabei muß man die Stücke nicht rund schneiden. Sie können quadratisch oder rechteckig sein und bei runden Kesseln auch Rundungen haben.

Zu diesem Vorpressen benötigt man Kessel mit flachen Böden. Kessel mit kugel- oder halbrunden Böden eignen sich nicht. Am praktischsten sind rechteckige Wannen, die jedoch nicht mit Schneidewerken ausgerüstet werden können. Man muß den Bruch also von Hand machen.

Mit Schneidewerken wiederum sind runde Kessel ausgerüstet. Entsprechend ist dann der Bruchkuchen geformt. Für die Teilung in gleichgewichtige Stücke kann man sich Schablonen machen.

Vorpreßkästen

Bei Kessel mit runden Böden wird das Pressen nicht im Kessel vorgenommen, sondern in einem rechteckigen Kasten entsprechender Größe.

Der Bruch wird dabei möglichst molkefrei in diesen Kasten geschöpft und in der beschriebenen Weise gepreßt. Das kann ein völlig geschlossener Kasten sein, nur muß er unten einen Molkenabfluß haben.

Der Nachteil dabei ist, daß der Bruch natürlich wesentlich mehr abkühlt. Der Kasten sollte deshalb mit der Molke vorgewärmt werden. Und es kann leicht zu einer Klumpenbildung kommen. Je fester der Bruch ist, um so größer ist diese Gefahr. Diese Klumpen müssen auf jeden Fall zerkleinert werden, sonst bekommt man auch bei gepreßten Käsen Molkennester.

Eine dritte Möglichkeit ist es, die Preßformen mit mehr Löchern zu versehen. Es wird wie bei ungepreßten Käsen geschöpft, der Bruch wird dann mit der Hand zusammengepreßt.

Das ist sehr arbeitsaufwendig, und die Gefahr, daß der Bruch zu stark abkühlt, ist noch größer. Es wird sich immer nur bei kleinen Mengen lohnen.

Die Mengenfrage

Wenn die Herstellung solcher Käse einigermaßen perfekt sein soll, ist schon ein bestimmter technischer Aufwand an Formen und Preßvorrichtung nötig. Für gleich große Käse, was auch im Zusammenhang mit dem Erfolg des Pressens steht, braucht man eine möglichst immer konstante Milchmenge. Unter 200 l lohnt es sich kaum.

Der Preßvorgang

Die gefüllten Formen werden dann ganz kurz, am einfachsten mit Luftdruck, gepreßt. Dadurch soll dieser Kuchen Zusammenhalt bekommen und sich an die Form der Käseform anpassen. Danach werden diese Stücke eingenetzt und dann gepreßt. Dabei arbeitet man anfangs mit einem niedrigeren Druck.

Luftdruck

1. Pressung	0,075-0,125 bar
2. Pressung	0,15-0,25 bar

Hebelpresse

1. Pressung	2-3 kg je kg Käse
2. Pressung	4-7 kg je kg Käse

Benötigter Preßdruck (Richtwerte für 2 kg Kadovaformen)

Dabei darf der Kuchen nicht in das Netz gepreßt werden. Beim Wenden werden sonst Teile der Haut abgerissen. Außerdem ist die Reinigung solcher Netze aufwendig.

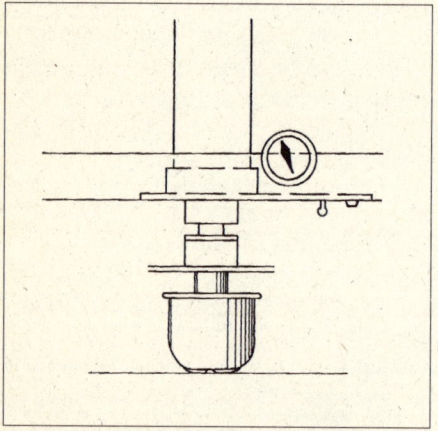

Kadova-Form in Luftdruckpresse

Andererseits muß auch der Bruch fest genug sein. Im Gegensatz zu ungepreßten Käsen muß ein gepreßter Käse nach dem Ausformen seine Form behalten. Ein Verlaufen, also eine Vergrößerung des Durchmessers, führt zwangsläufig zu feinen Rissen im Käseteig und macht eine richtige Lochbildung unmöglich.

Man läßt die Käse deshalb nach dem Pressen auch möglichst in den Formen abkühlen, damit sie formstabiler werden.

Nach dem ersten Pressen (ca. 45-60 Minuten) werden die Käse gewendet. Dabei werden die Preßränder, die sich auf der oberen Seite gebildet haben, mit einem Messer abgeschnitten. Danach wird mit etwas höherem Druck weitergepreßt, ca. 1-1,5 Stunden. Wichtig bei diesen ganzen Vorgängen ist, daß man eine Abkühlung vermeidet.

Ein sichtbares Zeichen für eine zu große Abkühlung ist eine Bruchlochung im äußeren Bereich, oft unmittelbar unter der Oberfläche.

Dann war der Käse schon so erkaltet, daß die durch den Molkenabfluß entstandenen Hohlräume nicht mehr durch den Druck geschlossen wurden.

Auch bei guter technischer Ausrüstung setzt die Herstellung von Preßkäse, also die der Holländer Art, in gleichmäßiger Qualität viel an Können und Erfahrung voraus.

Käse ohne Lochung

Käse ohne Lochung werden immer eine Ausnahme sein. Ihre Herstellung unterscheidet sich nicht von der von Käsen mit Rundlochung.

Das Risiko liegt darin, daß Infektionen mit Propionsäurebakterien bei Rohmilch auch zufällig sein können, man also ungewollt eine Rundlochung bekommt.

Absichern kann man sich bedingt durch einen etwas höheren Preßdruck. Weit mehr aber bringen eine starke Vorreifung der Milch und ein höherer Salzgehalt. Hier bietet sich das Salzen im Bruch geradezu an.

Bei kleineren Käsen ist das Risiko einer Lochbildung geringer (Vorhandensein von Sauerstoff).

Käsefehler Frühtrieb

Ein Frühtrieb wird schon in der Form erkennbar. Anstatt daß die Käse kleiner werden, fangen sie schon nach wenigen Stunden an, wieder größer zu werden.

Die Ursache dafür sind coliforme Keime und die sind immer ein Zeichen von Unsauberkeit. Zwar erfolgen die Infektionen meist im Melkbereich, aber der Fehler kann auch in der Käserei liegen.

Man wird bei Rohmilch zwar immer geringe Infektionen mit coliformen Keimen haben, diese können aber normalerweise leicht durch die zugesetzten Milchsäurebakterien unterdrückt werden.

Diese coliformen Bakterien sind starke Gasbildner. Da im frischen Käse noch genügend Sauerstoff vorhanden ist, das Gas aber nicht frei entweichen kann, kommt es zu einer Aufblähung des Käses. Je nach Stärke der Infektion kann sich das Volumen verdoppeln. Der Käse kann reißen.

Betroffen davon sind alle Käsearten, auch gepreßte. Wobei es bei festen Käsen am schnellsten zu Rissen kommen kann, auch weil hier das Gas am schwersten entweichen kann, der Druck also höher wird. Durch die Säurebildung im Käse, aber bald auch aufgrund von Sauerstoffmangel, stellen die Keime dann ihre Gasbildung ein. Das Gas entweicht mit der Zeit und die Käse fallen wieder in die alte Form zurück.

Was bleibt, ist eine veränderte Lochung. Die im aufgeblähten Zustand runden Löcher fallen zusammen und werden flach.

Eine gelinde Form von Frühtrieb ist vorhanden, wenn statt der üblichen Bruchlochung auch runde Löcher vorhanden

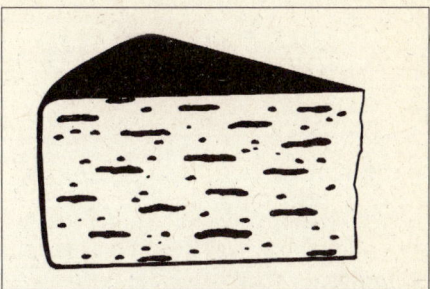

Käse mit veränderter Lochung durch starken Frühtrieb

sind. Auch sie sind durch Gasbildung entstanden. Nur war diese nicht so stark, daß es zu einem Aufblähen kam. Sie sind aber ein Alarmzeichen.

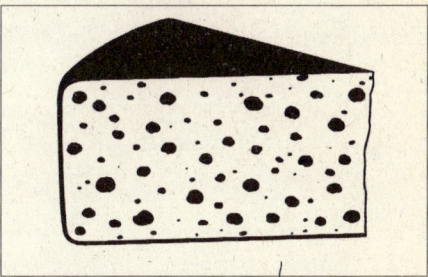

Gelinde Form des Frühtriebs

Käse mit Frühtrieb reifen zwar noch. Sie haben aber einen unangenehmen Geschmack, der bis ins Faulige gehen kann, und sind nicht verkehrsfähig.

Einen Frühtrieb kann es auch durch gasbildende Hefen geben. In der Regel aber macht sich dieser später bemerkbar, etwa beim Salzen oder noch später. Meist ist dieser Trieb nicht so stark und geht auch wieder zurück. Dieser Fehler tritt leicht auf, wenn man mit Molke als Kultur arbeitet. Auch sonst ist meist eine fehlerhafte Kultur die Ursache.

Das Salzen der Käse

Salz ist in erster Linie geschmacksbildend, einmal durch seinen Eigengeschmack, zum anderen reguliert es gewissermaßen ein gewisses Bakterienwachstum, was sich wiederum geschmacklich auswirkt.

Konservierende Wirkung hat der Salzgehalt bei normalen Käsen nicht. Man könnte auch Käse ohne Salz herstellen, nur würden diese Käse nicht schmecken.

Weil wir nicht mehr so viel schwitzen und daher nicht mehr so viel Salz brauchen, geht der Trend allgemein zu salzärmeren Käsen. Teilweise werden auch Diätsalze verwendet (u.a. Kalziumchlorid).

Andererseits ist es aber auch möglich, durch einen bestimmten Salzgehalt einen Käse mit einem ganz spezifischen Geschmack zu bekommen, ohne daß der Käse selbst salzig schmeckt.

Weil Salz Wasser anzieht, entzieht es dem Käse auch in gewissem Maße Molke. Und das natürlich besonders an der Oberfläche. Dabei kommt es zu einer Hautbildung und, wenn man will, auch zu einer ausgeprägten Rinde.

Die Rindenbildung war früher bei sehr vielen Käsen erwünscht. Sie war die einzige Verpackung des Käses und mußte ihn vor Umwelteinflüssen aller Art schützen.

Nachdem Käse aber zur Kühlware geworden ist, muß er durch eine zusätzliche Verpackung vor dem Austrocknen geschützt werden. Nimmt man ganz große Käse aus, ist damit die Rinde überflüssig geworden. Im Gegenteil, sie ist gewissermaßen Abfall und mindert den Wert des Käses.

Das Salz selbst kann nur durch die Molkenphase in den Käse eindringen. Fett und Kasein nehmen anfangs kein Salz an. Deshalb verteilt es sich in wasserreichen Käsen schneller als in festen Schnittkäsen.

Zwangsläufig ist so anfangs die Salzkonzentration in den äußeren Bereichen höher als im Inneren. Bei kleinen Käsen, die von außen nach innen reifen, ist das kein Problem. Hier dringt das Salz mit etwa der gleichen Geschwindigkeit in den Käse ein wie die Reifung.

Bei größeren Käsen dagegen kann die Reifung erst voll einsetzen, wenn sich das Salz gleichmäßig verteilt hat. Deshalb findet auch eine schnellere Reifung beim Salzen im Bruch statt, wo ein gleichmäßiger Salzgehalt praktisch sofort gegeben ist.

Trockensalzen oder Salzbad?

Das Trockensalzen ist nicht nur die älteste, sondern auch die einfachste Methode.

Dabei wird der Käse von Hand mit Salz eingerieben. Bei kleineren genügt eine einmalige Behandlung. Bei größeren muß sie, immer in Abständen von 10-12 Stunden, wiederholt werden.

Hierbei können praktisch keine Fehler passieren. Selbst wenn man es einmal vergißt, kann es nachgeholt werden. Es ist zwar arbeitsaufwendig, aber bei kleinen Partien und vor allem für Anfänger zu empfehlen.

Beim Salzbad werden die Käse in eine Salzlake mit bestimmter Konzentration gelegt. Das bringt eine beträchtliche Arbeitsersparnis. Wenn man größere Mengen herstellt, wird man schon deshalb damit arbeiten müssen.

Auf der anderen Seite kann man sich durch das Salzbad auch Fehler einhandeln. Es bedarf deshalb einer ständigen Überwachung und Pflege.

Trockensalzen

Zum Trockensalzen wird normales Speisesalz verwendet. Es sollte trocken sein, darf daher nie in den feuchten Käsereiräumen aufbewahrt werden. Das Salz wird auf eine flache Unterlage geschüttet. Sie kann aus Kunststoff oder Edelstahl sein. Holz sehen Veterinäre nicht gern. Andere Metalle sind nicht salzfest.

Bei kleinen Käsen drückt man die Oberflächen in das Salz und rollt die Ränder einmal durch. Das überflüssige Salz wird abgeklopft. Größere Käse werden mit Salz eingerieben und dann ebenfalls etwas abgeklopft.

Da sich das Salz auf der Unterlage zwangsläufig anfeuchtet, sollte man nie zuviel Salz ausschütten.

Besonders weichere Käse, die in Formen mit Böden gemacht wurden, kann man auch noch bis zum nächsten Salzen in die Form legen. Dadurch wird ein Verlaufen später zumindest verringert.

Da das Salz an den Seitenflächen am schnellsten abläuft, kann zwischenzeitlich oder zusätzlich ein Randsalz gegeben werden. Dazu rollt man die Seiten einfach im Salz.

Wie oft muß gesalzen werden

Natürlich spielt immer auch der gewünschte Salzgehalt eine Rolle. Als Faustformel gilt: Käse bis 500 g einmal, 1 kg Käse zweimal und dann etwa je kg Mehrgewicht ein weiteres Mal salzen.

Nach dem Salzen beginnen die Käse stark zu nässen, deshalb muß die Unterlage entsprechend salzfest sein. Die ablaufende Flüssigkeit hat eine hohe Salzkonzentration. Sie darf nicht auf darunter liegende Käse tropfen, das würde zur Beschädigung der Käsehaut führen.

Befinden sich vor dem nächsten Salzen noch feuchte Salzreste auf dem Käse, sollte man sie abwischen.

Bei welchen Temperaturen die Käse nach dem Salzen aufbewahrt werden, ist eigentlich nebensächlich. Sie sollten nur nicht unter 10° C liegen. Die Temperatur beschleunigt oder verzögert den Diffusionsgang, also das Eindringen des Salzes in den Käse.

Gesalzene Käse sind sehr zugempfindlich. Durch das Salzen selbst entstehen Spannungen an der Oberfläche. Werden diese durch eine ungleichmäßige Abkühlung noch verstärkt, kann es zu Rissen in der Käsehaut kommen.

Nach dem Salzen sollen die Käse eine spürbar festere Außenhaut haben.

Fehler kann man beim Trockensalzen kaum machen. Selbst wenn man vom üblichen Zeitintervall abweicht, ist es nicht schlimm. Versalzen kann man eigentlich nur kleine Käse bei zu feuchtem Salz, also einem zu dicken Auftrag.

Salzbad

Ob man mit einem Salzbad arbeitet, sollte man sich sehr gut überlegen. Der wichtigste Vorteil ist eine gewisse Ar-

115

beitsersparnis, vor allem wenn man täglich sehr viele Käse herstellt. Die Salzaufnahme ist gleichmäßiger und intensiver als beim Trockensalzen. Zudem spart man Salz.

Der Nachteil ist, daß man sich mit dem Salzbad viele Fehler einhandeln kann.

Da ist einmal der Säuregrad bzw. der pH-Wert des Bades. Dann gibt es bakteriologische Infektionen. Ohne Untersuchungsmöglichkeiten sieht man die dadurch eingehandelten Fehler erst im Reifungsraum, und dann ist es zu spät.

Beim Salzbad handelt es sich um einen Behälter mit Salzlake. Anstatt die Käse mit Salz einzureiben, werden sie nur in die Lake gelegt. Das bringt besonders bei größeren Mengen eine beträchtliche Arbeitsersparnis.

Wegen der hohen Salzkonzentration eignen sich als Behälter nur solche aus salzfestem Edelstahl, Kunststoff oder gemauerte und wasserdicht verputzte.

Die Form der Behälter hängt von der Art der Beschickung ab. Werden die Käse einzeln in das Bad gelegt, benötigt man eine große Oberfläche, vor allem bei größeren Käsen, die ja bis zu drei Tagen im Bad verbleiben müssen. Als Tiefe kann man dann in etwa den Durchmesser des Käses annehmen. Dann lassen sich die Käse einfach wenden. Dabei sollten die Käse einigermaßen frei schwimmen. Zusammendrücken oder Schräglage wegen Platzmangels führen leicht zu Verformungen bzw. zu ungleichmäßiger Salzaufnahme.

Werden die Käse samt Horden oder Kästen in das Salzbad getaucht, muß die Tiefe des Bades den Stapelhöhen entsprechen. Dieses Verfahren bringt besonders bei kleinen Käsen eine weitere Arbeitsersparnis. Meist wird dann zum

Beschicken ein Flaschenzug oder ähnliches benötigt. Dazu ist wieder eine bestimmte Raumhöhe erforderlich.

Da Salzbäder immer regelmäßig gereinigt werden müssen, sollten sie einen Bodenabfluß haben.

Temperatur im Salzbad

Wegen der bakteriologischen Belastungen des Bades, die auch bei diesen Salzkonzentrationen auftreten, sollte es nie Temperaturen über 15° C haben. Schon deshalb darf das Bad nie in der Käseküche installiert werden. Besonders im Sommer, einer ohnehin kritischen Zeit, kommt man hier immer auf höhere Temperaturen. Dagegen spricht nichts gegen den Reifungsraum, sofern man hier entsprechende Temperaturen hat. Es trägt dann noch bedingt zur Erhöhung der Luftfeuchtigkeit bei.

Wesentlich zur Temperaturerhöhung im Bad können die Käse beitragen, wenn sie nicht entsprechend abgekühlt sind. Und das dauert seine Zeit. Deshalb sollten die am Morgen produzierten Käse erst am nächsten Morgen ins Bad kommen. Natürlich könnte man ein Salzbad kühlen. Durch eine konstante Temperatur wäre auch die Salzaufnahme beim Käse gleichmäßiger. Bei großtechnischen Anlagen arbeitet man mit Eiswasser, das in Edelstahlrohren durch das Bad geleitet wird. Aber das ist technisch sehr aufwendig. Die einfachste Lösung, ein Tauchkühler, setzt voraus, daß dieser auch über längere Zeit die Salzkonzentration verträgt.

Behandlung der Käse im Bad

Keine Behandlung ist nötig, wenn die Käse stapelweise eingesetzt werden. Man nimmt für oben eine mit Gewichten beschwerte Leerhorde, so daß alle Käse eingetaucht sind. Lediglich nach dem Herausnehmen muß kontrolliert werden, ob alle Käse richtig liegen.

Liegen die Käse einzeln im Bad, wird die herausragende Oberfläche dünn mit feinem Salz bestreut. Da dadurch die Salzung etwas unterschiedlich wird, müssen die Käse zur Halbzeit gewendet und die Oberfläche wieder bestreut werden.

Käse, die länger im Bad bleiben, werden täglich einmal gewendet und bestreut.

Kleine Käse, die einzeln, aber nur für kurze Zeit ins Bad kommen, hat man früher mit Jutesäcken bedeckt. Auch das führte zu einer gleichmäßigen Salzung.

Salzgehalt der Lake

Schon aus praktischen Gründen sollen die Käse möglichst vollständig in die Lake eintauchen. Man kann dann die Oberflächen bestreuen und kommt so in etwa zu einer gleichen Salzaufnahme. Weit aus der Lake herausragende Ränder aber kann man nicht bestreuen. Es kommt zu einer ungleichmäßigen Salzaufnahme, und weil es bei molkenarmen Käsen lange dauert, bis sich der Salzgehalt gleichmäßig verteilt, ist eine ungleichmäßige Reifung die Folge.

Da das spezifische Gewicht eines Käses vor allem vom Molkenanteil abhängt, wird man bei größeren Käse eine höhere, bei kleinen Käse eine niedrige Konzentration benötigen. Man sollte sich beim Neuansatz also vor allem nach der Eintauchtiefe richten. Die Käse sollen 1-2 mm aus der Lake rägen.

Weil es Sinn eines Salzbades ist, daß der Käse Salz aufnimmt, verringert sich der Salzgehalt des Bades entsprechend. Nimmt ein normal gesalzener Käse etwa

1-2 % Salz auf, sind es bei 100 kg Käse immerhin 1-2 kg. Das muß natürlich ergänzt werden. Werden die Käse mit Salz bestreut, erfolgt dadurch meist schon eine ausreichende Ergänzung. Anders ist es, wenn die Käse hordenweise eingesetzt werden. Dann kann man anhand der Käsemenge ausrechnen, wieviel Salz man nachgeben muß.

Dauer des Salzens

Die Dauer des Salzens hängt vor allem von der Käsegröße und seines Molkengehaltes ab. Molkenreiche und damit kleine Käse nehmen schneller Salz auf, und das Salz verteilt sich auch schneller. Sie verbleiben meist nur Stunden im Salzbad. Große, feste Käse müssen Tage im Salzbad sein.

Größe des Käses	Salzbaddauer in Stunden
100-200 g	2
200-500 g	4-6
500 g-1 kg	8-12
bis 2 kg	14-18
bis 3 kg	20-30
bis 5 kg	bis 35
bis 10 kg	bis 72

Empfohlene Dauer des Salzbades

Wenig Sinn hat es dagegen, Käse, die etwas weicher ausgekäst sind, nun durch längeres Salzen und damit weiterem Molkenentzug gewissermaßen zu verfestigen. Abgesehen davon, daß Käse mit höherem Salzgehalt auch anders reifen, kann man den Wassergehalt über die Synärese leichter korrigieren. Durch eine längere Warmhaltung, eventuell sogar eine Erhöhung der Raumtemperatur nach dem Ausschöpfen, kann man den Molkenablauf weit stärker forcieren als später beim Salzen. Außerdem gibt es dann nach der Reifung keine Unterschiede.

Veränderung des Säuregrades
Das Salzbad soll einen bestimmten Säuregrad haben. Dadurch wird die Salzaufnahme begünstigt und die Hautbildung verbessert.

Allerdings verlieren die Käse im Bad, trotz der Salzaufnahme, etwa 5% an Gewicht. Das ist die Molke, die durch die Diffusionsvorgänge in das Salzbad gelangt. In der Molke ist schon Milchsäure, und der Milchzucker wird durch salzresistente Bakterien ebenfalls in Säure umgewandelt.

Das bedeutet einen ständigen Anstieg des Säuregehaltes der Salzlake, der, wenn er zu hoch wird, zu einem bitteren Geschmack und zu einer weiß-glitschigen Außenhaut führen kann.

Das ist ohne Untersuchungen schwer zu kontrollieren. Beim Schmecken dominiert das Salz, und wenn die Lake einmal grünlich aussieht, hätte sie meist schon vor Monaten gewechselt werden müssen.

Man kann dann nur nach Gutdünken das Salzbad auswechseln oder erneuern, vielleicht das Bad für kleine Käse vierteljährlich und für größere halbjährlich. Aber eigentlich sollte man, wenn man mit einem Salzbad arbeitet den Säuregrad des Bades untersuchen können. Dabei wird meist das SH-Verfahren angewendet. Bei größeren Käsen, also etwa ab 3 kg, sollten 30 SH, bei kleineren 40 SH nicht überschritten werden. Das entspricht etwa pH-Werten von 4,5 bzw. 4,8.

Veränderung der Dichte
Mit der Molke werden Stoffe in das Salzbad eingetragen, die das spezifische Gewicht unabhängig vom Salzgehalt erhöhen. Die Kontrolle des Salzgehaltes mit einem Aräometer wird dadurch schwierig.

In einem Salzbad für halbfeste Schnittkäse betrug dieser Anstieg 0,5 Baumégrad je Monat.

Bakteriologische Entwicklung
Trotz des hohen Salzgehaltes gibt es im Salzbad ein reges bakteriologisches Leben. Bakterien-, Hefen- und Schimmelarten sind so salzresistent, daß sie sich gut entwickeln können. Deshalb sollten Salzbäder auch möglichst nicht wärmer als 15° C werden. Als Nahrungsquelle dienen ihnen die Molke, aber auch abgestossene oder abgeriebene Bruchteilchen. Während man den Säuregrad des Bades noch relativ einfach auf dem Hof untersuchen kann, ist man bei bakteriologischen Untersuchungen überfordert.

Hier ist man also auf Beobachtungen angewiesen. Daraus folgert auch, daß man das Bad nach bestimmten Zeiten auswechseln oder neu aufbereiten muß.

Einige Anhaltspunkte: Schwimmt oben auf dem Salzbad, wenn es längere Zeit ruhig steht, eine grau-weiß-gelbliche Schicht, ist es mit Hefen infiziert. Weil das Salzbad meist durch das Beschicken bewegt wird, kann man ein Glas Salzlake entnehmen, es ruhig hinstellen und beobachten, ob sich eine Schicht bildet.

Das zeigt sich auch an den Käsen. Eine gewisse Hefeinfektion ist anfangs durchaus erwünscht. Sie entsäuern die Oberfläche und leiten damit die Reifung ein. Das ist eine sehr dünne, leicht schmierige Schicht auf der Käseoberfläche. Sie trocknet ein, wird vom Weißschimmel überwachsen oder ist Grundlage für die Rotschmiere.

118

Käsefehler durch Hefeinfektionen

Bildet sich aber eine sehr dicke Schicht, so ist die Hefeinfektion so stark, daß eine spätere Reifung behindert oder ganz unmöglich gemacht wird. Zwar sind solche Käse in Frankreich eine Spezialität, bei uns aber sind sie wenig gefragt.

Diese Hefen entnehmen die zu ihrer Entwicklung benötigte Feuchtigkeit aus der Oberfläche des Käses und trocknen sie aus. Trocknen diese Käse später im Reifungsraum ein, entstehen eine wellige Oberfläche und immer eine dicke Rinde. In feuchten Reifungsräumen dagegen kommt es leicht zu einer flüssigen Schicht zwischen Hefebelag und Käse, bedingt durch einen starken Eiweißabbau durch diese Hefen, aber auch durch Bakterien. Solche Käse kann man eigentlich nur noch durch Trocknen retten.

Zu einer Verflüssigung kann es auch durch eine zu starke Infektion des Bades mit Rotschmierebakterien kommen. Auch diese Bakterienkulturen werden dem Salzbad oft absichtlich zugesetzt. Nur in Verbindung mit anderen eiweißabbauenden Bakterien, oft verbunden auch mit einem zu hohen Säuregrad, kann in zu alten Bädern auf den Käsen sehr schnell eine sehr starke, regelrecht laufende oder teilweise glasige Schicht entstehen. Auch das weist auf einen starken Eiweißabbau hin. Allerdings kann man hier durch Abwaschen noch einiges retten.

Zuletzt seien Fremdschimmelinfektionen genannt. Besonders der schwarze Kellerschimmel ist gefährlich. Er ist besonders ein Problem, wenn man die Käse später mit Weißschimmel reifen lassen will.

Hier handelt es sich in der Regel um Luftinfektionen. Deshalb sollte der Salzraum immer schimmelfrei sein, und es sollte möglichst keine direkte Verbindung nach außen bestehen.

Die Aufbereitung des Salzbades

Zur Aufbereitung des Salzbades wird die Lake bis auf den Sud unten am Boden abgesogen und aufgekocht, zumindest aber über längere Zeit auf Temperaturen über 80° C erhitzt. Dabei werden die Kleinlebewesen abgetötet, und es kommt zu einer Ausflockung des Eiweißes, vor allem von Albumin. Diese Flocken setzen sich ab und können entfernt werden.

Der überhöhte Säuregrad wird mit Kalk oder einfacher mit Natronlauge neutralisiert. Auf 100 l Lake benötigt man ca. 25 ml 30%iger Natronlauge je zu neutralisierenden SH-Grad. Das ist alles sehr aufwendig und kaum auf einem Hof durchführbar.

Eine andere Möglichkeit ist es, einen zu hohen SH-Grad durch den Zusatz von Wasser zu reduzieren. Nur dadurch werden die bakteriologischen Verhältnisse nicht verändert. Und der Salzgehalt muß neu eingestellt werden.

Konservieren durch Salz

Diese Verfahren stammen aus Südeuropa und dem Vorderen Orient. Sie wurden angewendet, wenn keine kühlen Höhlen zur Reifung vorhanden waren. Um das zu erreichen, waren Salzgehalte von 6-7 % notwendig. Solche Käse schmecken dann nur noch nach Salz. Wir würden sie als ungenießbar bezeichnen. In abgeminderter Form wurde Salz auch zur Teilkonservierung, also zum Bremsen der Reifung, verwendet. Typisch dafür der Ur-Parmesankäse. Durch starkes Salzen wurde eine Reifung bei hohen Temperaturen auf Jahre verlängert. Und als nach dem Krieg die ersten französischen Camemberts bei uns auf den Markt kamen, waren sie für unseren Geschmack versalzen. Diese Käse reiften bei Temperaturen oft über 20° C. Auch hier wurde eine zu stürmische Reifung durch Salz gebremst.

Käse in Salzlake

Während bei normal reifenden Käsen durch die Klimatisierung der Reifungsräume der Salzgehalt allgemein gesenkt wurde, bleibt mit höherem Salzgehalt eigentlich nur noch der Käse in Salzlake. Aber auch hier hat man sich dem allgemeinen Trend angepaßt und hält den Salzgehalt so niedrig wie möglich. Deshalb muß man eher von einer bestimmten Geschmacksbildung als von einer Konservierung sprechen. Um eine längere Haltbarkeit zu bekommen, müssen die Käse gekühlt werden.

Es werden meist Labkäse im halbfesten Schnittkäsebereich hergestellt. Während sonst in Hofkäsereien kaum rechteckige Käse gemacht werden, bietet es sich hier an, wenn es verpackungsmäßig günstiger ist. Zumal ja ein größerer Käse portioniert werden kann.

Teilweise werden die Käse noch vorher trocken oder im Salzbad gesalzen, meist aber werden sie gleich in Behältnisse mit Lake gelegt. Durch die Vermischung der Lake mit Molke sinkt der pH-Wert. Geschmacklich und auch von der Konsistenz her ist ein pH-Wert von etwa 4,5 günstig. Das entspricht etwa 45 SH-Graden.

Konzentration der Lake

Entscheidend ist hier immer das Verhältnis Lake zur Käsemasse. Je mehr Lake vorhanden ist, um so mehr Salz kann in den Käse einziehen. Dazu ein Hinweis: Bei einem Käse-Lake-Verhältnis von 1 : 1,25 kann man mit Laken von 10-15 % arbeiten. Bei einer 10 %igen Konzentration der Lake erhält man Käse, die kaum noch nach Salz schmecken. Bei 15 % tritt schon ein deutlicher Salzgeschmack auf.

○ **Tip für Hobbykäser: Ist ein Käse zu salzig, kann man ihn in einfaches Wasser legen. Sein Salzgehalt sinkt dann wieder.**

Reifung der Käse in der Lake

Bei den geringen Salzmengen kommt es noch zu einer gewissen Reifung im Käse, wenn dieser bei Temperaturen von 18-20° C gelagert wird. Das führt zu einem besseren Geschmack, und die sonst mehr krümelige Konsistenz der Käse wird geschmeidiger. Die Dauer dieser Reifungszeit hängt einmal von der Temperatur ab, teilweise geht man bis etwa 30° C, und natürlich davon, wie weit man eine Reifung haben will. Deutliche Verbesserung hat man bei 20° C schon nach 1-2 Wochen. Dann aber muß der Käse auf unter 5° C gekühlt werden.

Probleme bei der Reifung

Problematisch sind immer die nicht mit Lake bedeckten Käseteile. Hier kommt es schnell zu einem grauen Belag, also zu einer Verhefung, schlimmstenfalls sogar zu Fremdschimmel. Bei dicht geschlossenen Behältern kann man es durch regelmäßiges Wenden der Käse samt Packung verhindern. Sonst ist auch die Verwendung spezieller Reifungsbehälter möglich. Dann kann man ständig kontrollieren, daß die Käse mit Lake bedeckt sind.

Nach der Reifung kommen die Käse dann meist mit neuer Lake in die Verkaufspackungen und werden dann möglichst unter 5° C gekühlt um einen weiteren Hefen- bzw. Schimmelbefall vorzubeugen.

Der Salzgehalt solcher Käse liegt zwischen 3 und 6 %.

Die Reifung

Das Salzen ist die letzte Möglichkeit, noch aktiv auf die weitere Reifung Einfluß zu nehmen. Danach sind alle Faktoren, die für die spätere Beschaffenheit des Käses von Bedeutung sind, im Käse.

Das sind:
Abhängig von der Bruchbearbeitung: der Molkengehalt des Käses. Er beinhaltet den Milchsäure- bzw. Milchzuckeranteil und die Milchsäurebakterien.

Abhängig von den Zusätzen: das Lab, der Salzgehalt, zugesetzte Bakterien und Schimmelkulturen.

Nicht dosierbar sind: Geschmacksstoffe der Rohmilch bzw. Stoffe, aus denen sie später gebildet werden. Außerdem der Gehalt an Fremdkeimen aller Art bzw. dessen Stoffwechselprodukte, die schon in der Rohmilch vorhanden waren oder aber bei der Käsebereitung in den Bruch gelangten.

Mit all diesen Stoffen beginnt die Reifung, die man nur durch die Temperatur beschleunigen oder verzögern kann. Durch die Temperaturwahl kann auch der spätere Geschmack und die Struktur des Käses beeinflußt werden.

Beginn der Reifung

Die Reifung beginnt damit, daß der noch vorhandene Milchzucker von den Milchsäurebakterien in Milchsäure umgewandelt wird.

Dadurch sinkt der pH-Wert auf etwa 5. Bei sehr molkenreichen Käsen auch auf noch tiefer, auf ca. 4,7.

Bei gewaschenem Bruch, wo der Milchzuckeranteil ja reduziert wurde, sollte ein pH-Wert von 5,2 die Obergrenze sein. Bei zu geringem Säuregehalt, der ja bei der Reifung noch weiter abgebaut wird, können sich dann auch eiweißzersetzende Bakterien entwickeln, die ja besonders bei Rohmilch immer vorhanden sein können.

Käsefehler: Süßlich-bitterer Geschmack

Bis hin zur Vollreife soll der Käse immer einen etwas säuerlichen Geschmack haben. Schmeckt er dann schon süßlich-bitter, sollte man die Käse mit Vorsicht genießen. Dann war der Anteil der Milchsäurebakterien einfach zu gering.

Die gebildete Milchsäure bindet wiederum das Kalzium ab. Es entsteht Kalziumlaktat. Damit verlieren die Kaseinmizellen gewissermaßen ihren Halt und zerfallen in Micromizellen, also in unendlich kleine Bestandteile. Das vergrößert wiederum ihre Oberfläche. Damit bieten sie den Reifungsenzymen entsprechend mehr Angriffsfläche.

Denn bis zu diesem Zeitpunkt sind die Kaseinstränge und das Fett durch dazwischen liegende Molkenkanäle fein säuberlich getrennt. Erst nach dem Zerfall der Kaseinmizellen wird diese freie Molke aufgesaugt. Dann ergibt sich auch mikroskopisch ein geschlossener Käseteig, in dem die Fettkügelchen fest eingeschlossen sind. Von jetzt ab kann man nicht mehr vom Molkengehalt sprechen, jetzt ist es der Wassergehalt des Käses.

Käsefehler: nässende Käse

Dieser Fehler entsteht zu diesem Zeitpunkt. Entweder ist noch zuviel Molke im Käse, die nicht vollständig in den Käse integriert werden kann, oder aber es war zu wenig Säure vorhanden und dadurch der Zerfall der Mizellen in Micromizellen nicht vollständig, was dann die Wasseraufnahmefähigkeit beeinträchtigt.

Der Reifungsvorgang

Die Reifung beruht auf komplizierten biochemischen Zusammenhängen, die so kompliziert sind, daß man bisher zwar einzelne Vorgänge erforscht hat, nicht aber den Vorgang insgesamt.

Das Kasein besteht aus ganz bestimmten Aminosäureverbindungen. Durch die Reifung werden diese zu immer einfacheren Verbindungen abgebaut. Damit werden sie für den menschlichen Magen leichter verdaulich.

Wird dieser Abbbau nicht unterbunden, erfolgt er bis hin zu Aminen und Kentonsäuren, wobei neben Kohlensäure vor allem Amoniak frei wird, was in Reifungsräumen mit Rotschmierekäse meist deutlich zu riechen ist.

Im Endstadium kommt es auch zu einer Verflüssigung der Käsemasse, vor allem bei wasserreichen Käsen, denn der Wassergehalt des Käses beschleunigt diese Vorgänge.

Ist weniger Wasser vorhanden, verlangsamen sich die Vorgänge beträchtlich. Große Käse können jahrelang reifen, ohne daß eine Verflüssigung eintritt. Ob das letztlich geschmacklich noch viel bringt, mag dahingestellt sein.

Auf jeden Fall gibt es für jeden Käse zwei Reifungsstadien, zwischen denen er verkaufsfähig ist.

Sogenannter junger Käse hat schon ein gewisses Aroma, aber auch noch einen leicht säuerlichen Geschmack. Dies ist das normale Reifungsstadium der Konsumkäse.

Bei einer Vollreife fehlt dieser säuerliche Geschmack. Das Aroma soll voller und abgerundet sein. Das setzt aber sehr gut gemachte Käse voraus. Denn irgendwann treten Bitterstoffe oder ähnliche Geschmacksstoffe unangenehm in Erscheinung.

Unterschiedliche Reifung bei kleinen und großen Käsen

Bis zu dem Punkt, wo die Molke von der Käsemasse aufgesogen wird, verläuft der Reifungsbeginn bei allen Käsen gleich. Erst danach gibt es dann einen grundsätzlichen Unterschied.

Kleine Käse mit einem hohen Wassergehalt reifen dann fast nur von außen nach innen. Bei großen Käsen erfolgt die Reifung von innen und gleichmäßig durch die ganze Masse.

Dabei gibt es dann auch Zwischenformen. Vor allem bei Rotschmierekäse erfolgt immer auch eine gewisse Reifung von außen, die dann entsprechend der Größe einen unterschiedlichen Anteil an der Gesamtreifung hat.

Außenreifung

Bei kleinen wasserreichen Käsen wird die Oberfläche sehr schnell vor allem von Hefen entsäuert, so daß der Eiweißabbau beginnen kann. Da kaum eine Käsehaut vorhanden ist und auch bedingt durch die wässrige Phase des Käses, können die Reifungsenzyme schnell immer weiter in den Käse eindringen. Hier schreitet die Reifung etwa 1mm pro Tag vor.

Erkennbar ist das dadurch, daß der gereifte Käseteig ein glasiges und bei Kuhmilch auch gelbliches Aussehen bekommt. Der Anteil des ungereiften Teiles ist deutlich als weißer Kern zu erkennen.

Käsefehler: randweich

An der Oberfläche, wo viel Sauerstoff vorhanden ist, geht der Entsäuerungsprozeß, wie beschrieben, sehr schnell. Ist der Käse aber sehr sauer, etwa unter pH 4,6, verzögert sich diese Entsäuerung. Bei sehr starkem Säuregehalt kann sie sogar zum Stehen kommen, weil der Käse gewissermaßen durch Säure konserviert ist. Zu sauer wird der Käse nie durch zugesetzte Milchsäurebakterienkulturen. Meist sind es Infektionen mit Essigsäurebakterien. Dann setzt zwar in den äußeren Schichten die Reifung ein, weil sich aber ihr Fortschreiten weiter nach innen verzögert, wird der Randbereich überreif, und dabei verflüssigt sich das Eiweiß.

Solche Käse kann man eigentlich nur durch eine Reifung bei tiefen Temperaturen halbwegs retten. Bei etwa 8° C verlangsamen sich die Reifungsvorgänge beträchtlich. Dadurch ergibt sich mehr Zeit für die Entsäuerung des Kernes.

Reifung bei tiefen Temperaturen

Reifung bei tiefen Temperaturen wird oft bei camembertähnlichen Käsen durchgeführt. Auch mit dem Ziel, die Außenreifung zu verlangsamen, um damit eine Innenreifung zu bekommen. Deshalb haben viele Camemberts oder Weichkäse mit Weißschimmel heute nicht mehr den sonst typischen weißen Kern. Da der Weißschimmel auch bei diesen Temperaturen gut wächst, ist es auch eine Schutzmaßnahme gegen Fremdschimmel. Allerdings verlängert sich die Reifungszeit je nach Größe der Käse beträchtlich.

Innenreifung

Die Innenreifung kann erst voll einsetzen, wenn alle mitbestimmenden Faktoren gleichmäßig im Käse verteilt sind. Das gilt einmal für das Salz, wenn die Käse von außen gesalzen werden. Und je nach Wassergehalt des Käses dauert es mehr oder weniger lang.

Verteilen müssen sich auch Bakterien und ihre Stoffwechselprodukte. Sie sind anfangs in der Molke enthalten und leben meist noch in Kolonien. Wenn die Molke vom Eiweiß aufgesaugt wird, ist ihre Verteilung anfangs zufällig. Gleichmäßig verteilt ist dagegen das Labenzym, da es im Kasein enthalten ist.

Der Reifung voraus geht ebenfalls eine Entsäuerung der Masse. Hefen, die das bei einer Außenreifung sehr schnell bewirken, können sich wegen Sauerstoffmangels im Inneren nicht entwickeln. Der Säureabbau muß deshalb durch Bakterien erfolgen.

Randweiche Käse kann es aber auch hier geben, wenn es von außen eine starke Verhefung gibt. Auch hier kann dann von außen eine schnelle Reifung einsetzen. Die Ursache ist dann meist eine starke Verhefung des Salzbades oder der Unterlagen, auf denen der Käse lagert, aber auch der zu hohe Säuregehalt des Käses selbst.

Die Veränderung des Fettes bei der Reifung

Das Milchfett besteht wie alle natürlichen Fette aus Molekülen, die sich aus Glyzeriden und verschiedenen Fettsäuren zusammensetzen. Die Kombination ergibt einen ganz bestimmten Fettgeschmack.

Aber weil Milchfett ein sehr sensibles Fett ist, kommt es leicht zu einer Fettveränderung, die schon durch die in der Rohmilch enthaltene Lipase beginnt. Diese ist neben anderen Stoffen verantwortlich für den typischen Rohmilchkäsegeschmack.

Daneben wird diese Fettveränderung durch bakterielle Stoffwechselprodukte eingeleitet. Dies geschieht bei Käsen, die ohne Oberflächenflora, also ohne Schimmel oder Rotschmiere reifen, an der Oberfläche, wo ausreichend Licht und Sauerstoff vorhanden sind.

Geschmacklich hat das bei normal reifenden Käsen kaum einen Einfluß. Selbst bei größeren Käsen, wie Bergkäse oder Emmentaler, bleibt diese Fettveränderung auf den Rindenbereich beschränkt. Nur bei extrem lange reifenden Käsen, z.B. drei- oder vierjährigem Gouda, tritt ein mehr oder weniger starker, ranziger Geschmack auf. Typisch ist dieser leicht ranzige Geschmack auch bei normal reifenden Ziegenkäsen. Ursache ist hier die kleine Größe der Fettkügelchen, durch die sie den fettspaltenden Organismen eine sehr große Angriffsfläche bieten.

Weit intensiver ist die Fettspaltung bei allen Käsen mit Oberflächenflora. Der hier reichlich vorhandene Sauerstoff, eventuell auch Licht, beschleunigen die Vorgänge.

Bei Rotschmierekäsen beruht ihr typischer Geschmack zum großen Teil auf einer Fettspaltung durch die Hefen und Bakterien der Schmiere. Deshalb ist der Geschmack auch bei fettreichen Käsen entsprechend intensiver.

Bei Weißschimmelkäsen kommt es zu einer weit geringeren Fettspaltung, auch wenn ihr typischer Geschmack auf einer solchen Fettspaltung beruht.

Durch den schnellen Eiweißabbau bei kleinen Käsen überwiegen dann später aber die dadurch entstehenden Geschmacksstoffe.

Bei Käsen mit Innenschimmel dagegen ist der mehr oder weniger ranzige Geschmack typisch. Die normalerweise sehr niedrigen Reifungstemperaturen tragen zu einer Verzögerung bei. Bei höheren Temperaturen kommt es sehr schnell zu einem seifigen Geschmack.

Luftfeuchtigkeit im Reifungsraum

Im Reifungsraum muß eine relative Luftfeuchtigkeit von 85-95 % herrschen.

Diese Feuchtigkeit ist notwendig, um ein Austrocknen der Käse während der Reifung zu vermeiden. Das Trocknen führt vordergründig zu einer dicken Rinde. Noch schlimmer ist der dann auch niedrige Wassergehalt im Inneren des Käses. Dadurch wird die Reifung verlangsamt, in extremen Fällen fast unmöglich gemacht. Außerdem wird das Wachsen der Oberflächenflora erschwert. Weißschimmel haben es schwer, durch die feste Oberfläche das notwendige Wasser zu saugen. Sie entwickeln sich entsprechend spärlich. Zu einem richtigen Wachstum der Rotschmiere kommt es bei einer relativen Luftfeuchtigkeit von unter 85 % kaum noch.

Und schließlich sollte man den wirtschaftlichen Schaden nicht vergessen. Aus Rohmilch kann man halbfeste Schnittkäse mit einem Wff-Gehalt von 69% herstellen. Viele Käse - besonders kleine, weil die am schnellsten austrocknen - haben einen Wff-Gehalt von 60%, ja oft sind sie mit weniger als 55% ausgesprochene Hartkäse. Das bedeutet, daß man je kg Käse bis zu 2 kg mehr Milch benötigt und dafür im Grunde noch einen minderwertigen Käse hat. Da es kaum Keller gibt, die natürlicherweise eine so hohe Luftfeuchtigkeit haben, wird meist eine zusätzliche künstliche Befeuchtung notwendig sein.

Aber auch in einem vollbelegten Reifungsraum hat man weniger Probleme, weil die Käse während der Reifung etwas an Gewicht in Form von Wasser verlieren und so die Luftfeuchtigkeit erhöhen.

Weniger Probleme hat man mit Käse, die in Wachs oder Rindendispersion reifen. Dadurch wird die Abgabe von Wasser erschwert, so daß man mit ca. 75% Luftfeuchtigkeit auskommt.

Keine Probleme mit der Luftfeuchtigkeit gibt es bei Folienreifung.

Temperatur im Reifungsraum

Bei den Reifungstemperaturen hat man im Grunde einen großen Spielraum. Man kann den Käse zwischen 8-18° C eigentlich problemlos reifen lassen. Auch höhere Temperaturen sind möglich, besonders wenn man größere und damit wasserärmere Käse hat, bei denen die Reifung nicht zu stürmisch wird. Das ist auch dann

von Vorteil, wenn man eine Propionsäuregärung haben will.

Da ein Beheizen immer einfacher ist als eine Kühlung, sollte man die durchschnittliche Sommertemperatur als Standard nehmen und in der kalten Jahreszeit etwas nachheizen.

Dabei spielt es im Grunde überhaupt keine Rolle, wenn die Temperaturen einmal um 2-3° C schwanken. Diese Schwankungen hat man auch dann, wenn die Temperatur thermostatisch geregelt wird. Und ohne künstliche Luftumwälzung wird man ohnehin Temperturdifferenzen auch zwischen oben und unten im Reifungsraum haben, einfach weil Wärme nach oben steigt. Das kann man durch eine laufende Umstaplung der Käse ausgleichen, was kein Problem ist, wenn man mit Horden oder Kästen arbeitet. Beim Wenden oder sonstigem Behandeln kommt dann immer die oberste Lage nach unten.

Beim Vorhandensein fester Borde kann man diese Temperaturunterschiede auch nutzen, indem man die schon gereiften Käse im unteren kühleren Bereich lagert.

Absichtliches Verzögern der Reifung durch Temperatur

Fast in jedem Betrieb gibt es Zeiten, wo der Absatz geringer als die Produktion ist, z.B. in der Urlaubszeit. Eine Möglichkeit dies auszugleichen, ist, bei gleicher Käsegröße die Reifung durch tiefere Temperaturen zu verzögern. Dazu benötigt man in der Regel mindestens zwei Reifungsräume mit einer Temperaturdifferenz von 5-8 ° C. Dadurch kann man die Reifungszeit um etwa 100% verlängern, also bei kleineren Käsen, die sonst 4-6 Wochen reifen, fast auf ein Vierteljahr.

Das macht sich natürlich später etwas in der Konsistenz und Geschmack des

Käses bemerkbar, ist aber nicht so aufwendig und nachteilig, als wenn man die reifen Käse über längere Zeit im Kühlraum aufbewahren muß. Hier entsteht leicht ein bitterer Geschmack und bei nicht einwandfreier Verpackung auch Gewichtsverluste.

Fremdschimmelinfektionen

Die hohe Luftfeuchtigkeit führt zu hervorragenden Lebensbedingungen für Fremdschimmel aller Art. Hohe Reifungstemperaturen beschleunigen ihre Verbreitung entsprechend. Gerade bei den einfachen Verhältnissen in Hofkäsereien ist ein Schutz vor Infektionen eine Illusion. Schon die Luft ist reich an Schimmelsporen. Weitere Infektionsquellen sind die Kleidung, eine Infektion der Milch, besonders wenn noch unmittelbar im Stall gemolken wird. Hinzu kommen oft Altbelastungen in Räumen, die vor der Nutzung als Reifungsraum stark verschimmelt waren. Die Schimmel sitzen dann so tief im Mauerwerk, daß sie selbst durch ausgiebige Desinfektionen, ja oft nicht einmal durch Neuverputz, entfernt werden können. Mit diesem Fremdschimmel hat man immer seine Probleme gehabt.

Heute ist man gegen Fremdschimmel wegen der Mykotoxinbildung sehr sensibel geworden. Käse mit geringem Schimmelbefall wurden mehrfach beanstandet und teilweise sogar schon aus dem Reifungsraum von Amts wegen vernichtet.

Das bedeutet, daß man hinsichtlich Schimmel sehr penibel sein muß. Und die Frage ist, ob man ohne Oberflächenflora, also Weißschimmel, Rotschmiere bzw. einem Oberflächenschutz durch Dispersionen oder Wachs einen Käse überhaupt noch reifen lassen kann.

Wenden der Käse

Vor allem anfangs müssen alle Käse oft gewendet werden. Sie sind in ihrer Struktur noch relativ weich und verlieren schnell ihre Form. Außerdem kann es zu einem starken Eindrücken kommen, wenn die Käse auf Horden oder in Kästen lagern.

Für den Erhalt der Form und das Vermeiden von Eindrücken ist anfangs entscheidend, wie oft der Käse gewendet werden muß. Das kann auch bedeuten, daß sie in kürzeren Abständen gewendet werden müssen.

Durch die Abkühlung, aber auch durch die einsetzende Reifung verfestigt sich der Käse. Das Wenden kann in größeren Abständen erfolgen.

Bei Weißschimmelkäsen soll der Belag auf beiden Oberflächen gleichmäßig entwickelt sein.

Bei Käsen mit Oberflächenschutz muß durch rechtzeitiges Wenden verhindert werden, daß es nicht durch den Druck des Käses zu einem Festkleben auf der Unterlage kommt. Die Schutzschicht wird dann beim Wenden abgerissen.

Ein Hinweis: Wenn man leicht mit dem Daumen gegen den Käse drückt, soll er sich leicht anheben lassen, also nicht kleben.

Bei Rotschmierekäsen, die ja regelmäßig geschmiert, gewischt werden, erfolgt das Wenden gleichzeitig mit dieser Behandlung. Besonders wenn solche Käse auf einer geschlossenen Unterlage liegen, saugen sie sich regelrecht fest. Je nach Stärke der Schmierebildung kann deshalb ein Wenden auch zwischen den Behandlungen notwendig sein. Denn durch dieses Festsaugen kommt es zu einem Sauerstoffabschluß und schnell zu einer Fäulnis.

Käsefehler: Käsekrebs

Als Käsekrebs werden Fäulnisstellen bezeichnet, die durch stark eiweißabbauende Bakterien und Schimmel verursacht werden. Es entstehen anfangs graue Flecken auf der Unterseite, die rasch tiefer werden und richtig faulig riechen.

Hat man erst solche Stellen, verbreiten sie sich, z.T. durch das Wischen, auch auf andere Käse und sind dann keinesfalls nur auf die Unterseite beschränkt. Es kommt deshalb darauf an, solche Stellen sofort zu erkennen. Diese Käse müssen aus dem Lager entfernt werden und die Unterlagen gründlich desinfiziert werden.

Die Stellen können, nachdem der Käse abgewaschen wurde, tief ausgeschnitten werden und weil dieser Fehler meist erst im letzten Stadium der Reifung passiert, mit der nötigen Vorsicht verwendet werden.

Bei Käsen ohne Oberflächenflora oder Oberflächenschutz gelten beim Wenden die gleichen Kriterien wie bei anderen Käsen. Besonders, wenn solche Käse zur Schimmelbekämpfung naß behandelt werden, kann es auch zu einem Festsaugen und damit zu Fäulnisstellen, zu Käsekrebs kommen.

Wieviele Sorten in einem Reifungsraum?

Dieses Problem tritt auf, wenn man mehrere Käsesorten mit unterschiedlichen Oberflächen produziert.

Kaum Probleme gibt es bei Weißschimmel- und Rotschmierekäse. Durch das ständige Wischen der Rotschmierekäse wird ein Anwachsen des Schimmels verhindert. Auf der anderen Seite ist eine Übertragung von Rotschmiere auf Weiß-schimmelkäse nicht tragisch. Sie geben diesen Käsen eine etwas pikantere Note. Deshalb war bei Weißschimmelkäsen früher diese Schicht durchaus erwünscht und wurde durch den Zusatz von Kultur gefördert.

Ein Nachteil dabei ist, daß Rotschmierekäse trotz Verpackung einen Weiß-schimmelbefall bekommen, besonders wenn sie länger in einer Käsetheke oder im Kühlschrank des Verbrauchers liegen. Umgekehrt kann auch der Weißschimmel etwas von der Rotschmiere verdrängt werden. Dadurch werden die Käse unansehnlicher, qualitativ aber nicht schlechter.

Weißschimmelkäse kann auch zusammen mit Käsen mit Oberflächenschutz reifen. Durch die Schutzschicht hat der Schimmel keine Wachstumsmöglichkeit.

Nur wenn Rotschmierekäse zusammen mit solchen lagern, die Oberflächenschutz haben, können Probleme auftreten. Der Auftrag von Oberflächenschutz verlangt eine trockene Käseoberfläche. Hier kann es Schwierigkeiten durch eine starke Rotschmiereinfektion geben, die man kaum verhindern kann, und damit durch Feuchtigkeit auf der Oberfläche. Dann hat man leicht ebenfalls Feuchtigkeit zwischen der Schutzschicht und der Käseoberfläche, was die Haltbarkeit dieser Schicht beeinträchtigt.

Auch Weißschimmelkäse kann man mit Käse ohne Oberflächenschutz oder Flora dann reifen lassen, wenn es sich um große möglichst gepreßte Käse handelt und man bei ca. 85% relative Luftfeuchtigkeit, also ziemlich trocken, reifen läßt. Die feste und trockene Außenhaut verhindert ein übermäßiges Wachstum des Weißschimmels und verdrängt dabei noch andere Fremdschimmel.

Dagegen kann man die eben genannten Käse kaum mit Rotschmiere reifen lassen, schon deshalb, weil, wenn die Rotschmiere sich entwickeln soll, eine möglichst hohe Luftfeuchtigkeit notwendig ist. Und dann wird man die Rotschmiere immer auch auf den festen Käsen haben.

Allerdings kann man hier das Problem noch relativ einfach durch zwei Räume mit entsprechend unterschiedlicher Luftfeuchtigkeit lösen.

Sonst wird es kaum viel bringen, wenn man für jede Sorte einen gesonderten Raum hat. Besonders, wenn alles in einem Trakt liegt. Gerade Weißschimmel und Rotschmiere verbreiten sich sehr schnell und die Übertragungsmöglichkeiten sind durch die täglichen Arbeiten sehr groß.

Reifung von Weißschimmelkäse

Um es vorwegzunehmen: das Problem bei der Reifung von Weißschimmelkäse sind Infektionen mit Fremdschimmel. Gerade bei den einfachen Verhältnissen einer Hofkäserei ist man davor nie gefeit. Allerdings - das mag ein Trost sein - Profi-Käsereien sind es auch nicht, und Käse mit schwarzen, grünen, gelben oder roten Fremdschimmeleinwüchsen sind heute nicht mehr verkaufsfähig.

Das bedeutet vom Melken an eine sehr saubere Arbeitsweise. Gerade beim Melken im Stall erfolgt hier schon eine Infektion mit Fremdschimmel. Alle anderen Räume müssen ohne Fremdschimmel sein. Das Eindringen von Außenluft sollte durch Vorräume zumindest verringert werden. Auch durch Stallkleidung kommt es zu Infektionen. Ferner sollte man mit

Kultur nicht sparsam sein. Sie muß schon der Milch zugesetzt werden, eventuell kann man die Käse noch einmal damit übersprühen.

Als Kultur wird in der Regel *Penicillium candium* verwendet. Hier gibt es für die jeweiligen Verhältnisse Unterarten.

Ein gewisser Schutz bietet auch ein frühzeitiges Einpacken. Sobald sich ein deckender Schimmelflaum gebildet hat, meist nach 5-10 Tagen, kann das mit geeigneten Einwicklern geschehen. Die Käse können dann auch gekühlt werden.

Das Einwickeln schützt nur vor weiteren Infektionen, nicht gegen die Entwicklung schon auf dem Käse befindlicher Fremdschimmel, die im Jugendstadium fast alle weiß sind. Die Farbe bildet sich erst später. Es ist also eine ständige Nachkontrolle notwendig.

Der Weiß-Schimmel selbst ist relativ anspruchslos. Er hat sein Optimum bei 14-16° C und wächst problemlos im Bereich von 8-20° C. Er benötigt einen Salzgehalt möglichst von etwa 2% und wächst am besten im Dunkeln.

Weil der Schimmel viel Luft benötigt, sollte der Käse auf Horden in Kisten gelagert werden, damit er sich auch auf der Unterseite entwickeln kann.

Gerade wegen der Robustheit dieses Schimmels kann man ihn auch für halbfeste und Schnittkäse verwenden. Einmal erhalten dadurch die Oberflächen ein optisch gutes Bild, aber der Weißschimmel kann auch als Schutz vor Fremdschimmelbefall benutzt werden. Er ist ziemlich aggressiv gegenüber seinen bunten Artgenossen. So dient er gewissermaßen als biologischer Schutz.

Vorteile hat man bei großen Käsen. Sie können bei geringem Fremdschimmelbefall in warmem Wasser eingeweicht und dann leicht mit einer weichen Bürste abgewaschen werden. Das geht bei kleinen weichen Käsen nicht, sie werden dadurch zu unansehnlich. Außerdem ist der Arbeitsaufwand sehr hoch. Wichtig ist, daß man den Fremdschimmelbefall früh entdeckt, damit möglichst wenig Käse durch die Raumluft weiter infiziert werden. Die abgewaschenen Käse kann man neu mit Kultur übersprühen, oder, wenn sie reif sind, auch so verkaufen.

Weißschimmel mit Rotschmiere

Bei Weißschimmelkäse mit Rotschmiere ist es das Ziel, unter den Schimmel noch eine dünne Rotschmiereschicht zu bekommen. Als Kultur wird das *Brevibakterium lines* verwendet. Sie wird meist dem Salzbad zugesetzt oder, wenn man ohne Salzbad arbeitet, auch direkt der Milch.

An der Herstellung und Behandlung selbst ändert sich nichts. Nur die Temperatur sollte über 12° C und die Luftfeuchtigkeit bei 90% liegen, um der Rotschmiere die Entwicklung zu erleichtern.

Durch die Rotschmiere werden die Käse pikanter. Der Nachteil dabei ist, daß die Rotschmiere besonders an den Rändern verpackter Käse sichtbar wird und den Käse unansehnlich macht. Ein zu starker Wuchs von Rotschmiere ist am einfachsten durch tiefere Temperaturen zu stoppen.

Blauschimmelkäse

Blauschimmelkäse werden mit einer Kultur von *Penicillium camemberti* hergestellt. Der Schimmel wächst erst weiß und bekommt dann ein bläuliches Aussehen. Mit diesem Schimmel ist das Camembertaroma ausgeprägter.

Was Herstellung und Behandlung angeht, gibt es keine Unterschiede zum Weißschimmelkäse.

Der Nachteil dabei ist, daß Fremdschimmelinfektionen schwerer zu erkennen sind. Vor allem aber wird der Schimmel später mehr grau aussehen und damit unansehnlich. Bei verpackten Käsen geht es noch schneller. Besonders geeignet sind diese Käse für den Abhofverkauf, wo sie dann entsprechend frisch und unverpackt angeboten werden können.

Auch hier kann man zusätzlich mit Rotschmiere arbeiten.

Rotschmierekäse

Mit Rotschmiere können Käse von 150 g bis 20 kg und mehr reifen.

Ein Nachteil dabei ist, daß durch das ständige Wischen oder Schmieren der Arbeitsaufwand während der Reifung recht hoch ist und die Reifung mit Geruch verbunden ist.

Die Käse bekommen durch die Rotschmiere einen kräftigen und pikanten Geschmack, der bei kleinen Käsen intensiver ist als bei großen. Ähnlich wie bei Weißschimmel erfolgt diese Geschmacksbildung an der Oberfläche.

Notwendig dafür sind Reifungstemperaturen über 12° C und eine Luftfeuchtigkeit von mindestens 90%.

Während kleinere Käse gut auf Horden oder in Kästen gelagert werden können, verwendet man für große Käse Holzbretter. Als Kultur wird das *Brevibakterium lines* verwendet.

Die Kultur wird entweder dem Salzbad zugesetzt oder einfach dem Wischwasser. Durch das Wischen, zuerst die älteren

Käse, dann die jungen, wird sie automatisch übertragen. Dadurch erübrigt sich der Einsatz ständig neuer Kulturen.

Wenn die Käse nach dem Salzen in den Reifungsraum kommen, werden sie nach drei bis vier Tagen außen schmierig. Das sind fast nur Hefen. Entsprechend der bakteriologischen Entwicklung verfärbt sich diese Schicht gelb-rötlich und wird bei länger reifenden Käsen schließlich braun.

Durch das Wischen muß diese Schicht feucht und fast cremig bleiben. Das geschieht bei kleinen Käsen mit den Händen, die man ab und zu in Wasser taucht. Bei größeren Käsen mit einem feuchten Lappen. Dabei darf man nicht zu naß arbeiten. Die Käse sollen nur schmierig sein. Damit die Schmiere überhaupt zur Entwicklung kommt, erfolgt diese Behandlung bei jungen Käsen etwa jeden zweiten Tag. Bei älteren Käsen etwa zweimal wöchentlich. Aber maßgebend ist immer die Verfassung der Schmiere. Immer werden dabei die Käse gewendet, unter Umständen auch zwischen den Behandlungen noch einmal.

Dabei können Probleme auftreten:

Die Schmiere entwickelt sich nicht.

Meist ist dann der Raum zu trocken oder zu kalt. Oder der Käse ist zu trocken ausgekäst, die für die Schmiere notwendige Feuchtigkeit wird vom Käse aufgesaugt. Abhilfe kann man dadurch schaffen, daß man die Käse einige Stunden in warmes, sauberes Wasser legt, dem etwas Salz zugesetzt wird. Auch wenn man statt Wasser Molke zum Schmieren nimmt, kann das positiv sein.

Die Schmiere entwickelt sich zu stark.

Das passiert nur auf zu wasserreichen oder nässenden Käsen. Dann nützt in der Regel auch das Wischen mit Salzwasser wenig. Auch wenn es arbeitsaufwendig ist, bringt hier das ständige Abwischen der Schmiere noch am meisten. Damit entfernt man die überschüssige Feuchtigkeit und kommt dann oft später zu einer normalen Schmierebildung.

Ein anderer Fehler ist noch weniger zu korrigieren: man hat einen ebenfalls fast flüssigen, aber gelatineartigen Film auf dem Käse. Ursache sind stark eiweißabbauende Bakterien und Hefen, die meist aus dem Salzbad stammen. Bei Anzeichen für diesen Fehler sollte das Salzbad sofort erneuert werden. Die Käse sollten, sofern es möglich ist, aus dem Raum genommen und die Unterlagen gründlich desinfiziert werden.

Nach der Reifung und zum Verkauf wird man des Geruches, aber auch des Aussehens wegen die Schmiere abwaschen müssen, ausgenommen vielleicht bei ganz kleinen, schnellreifenden Käsen, die nur einen Ansatz von Schmiere haben.

Antrocknen der Schmiere.

Die normal geschmierten Käse werden, wenn sich eine gut deckende Schmiereschicht gebildet hat, in einen anderen Raum gebracht, der kälter ist und nur eine Luftfeuchtigkeit um die 80% hat. Die Käse werden nicht mehr geschmiert, sondern nur noch gewendet. Unter diesen Bedingungen beginnt die Schmiere einzutrocknen. Man bekommt dann eine bräunliche natürliche Haut auf dem Käse. Die verhindert auch ein Austrocknen. Es erspart das weitere Wischen und das Abwaschen des Käses, bei großen Käsen sogar eine Verpackung. Die Käse schmekken etwas milder.

Rotschmiere plus Weißschimmel

Es müssen die gleichen Voraussetzungen vorhanden sein wie bei der Herstellung von Weißschimmelkäse, d.h. Kulturzusatz und weitgehend fremdschimmelfreie Räume.

Die Käse werden ebenfalls zwei oder drei Wochen geschmiert, bis ein deckender Rotschmierebelag vorhanden ist. Danach stellt man das Wischen ein.

Der Weißschimmel, den man bis dato durch das Wischen unterdrückt hat, kann sich dann entwickeln. Dies kann durch Luftübertragung beschleunigt werden, wenn man diese schimmelnden Käse zusammenlegt oder dafür einen gesonderten Raum hat. Es ist notwendig, daß die Käse dann auf Horden bzw. in Kästen liegen, damit sich der Schimmel gleichmäßig entwickeln kann. Dadurch braucht man auch nicht so oft zu wenden.

Der Schimmel trocknet durch Wasserentzug die Schmiereschicht aus. Besonders bei nicht zu großen Käsen, ca. 1 kg, entsteht so eine ganz interessante Geschmackskombination.

Reifung mit Oberflächenschutz

Wachsen - Paraffinieren

Das Wachsen ist im Grunde ein altes Verfahren. Ursprünglich wurden die Käse erst vor dem Verkauf in heißes, oft gefärbtes Paraffin getaucht. Aus diesem einfachen Paraffin sind heute spezielle Käsewachse für viele Verwendungszwecke in der Käserei entwickelt worden. Erst dadurch ist es möglich geworden, Käse schon mit einem Wachsüberzug reifen zu lassen. Das ist auch dadurch interessant geworden, daß man hinsichtlich Fremdschimmelbefall sehr sensibel während der Reifung geworden ist.

Obwohl das Paraffin im Grunde aus Erdöl hergestellt wird, gibt es keine Beeinträchtigungen und deshalb auch keine besondere Kennzeichnungspflicht. Auch die Reifung und damit der spätere Geschmack des Käses werden kaum beeinflußt. Es entsteht praktisch keine Rinde. Vor dem Wachsen müssen die Käse sehr gut abgetrocknet sein. Entsteht beim Eintauchen in das heiße Wachs Wasserdampf, liegt die Wachsschicht nicht fest am Käse. Nach dem Erkalten entstehen dann durch den Druck Risse. Es können sogar Blasen entstehen, die dann zerplatzen. Das führt meist schnell zu Schimmelinfektionen. Aber selbst bei perfektem Wachsüberzug ist man vor Schimmelinfektionen nie absolut sicher, besonders wenn die Haut des Rohkäses nicht vollständig geschlossen war. Deshalb sollte man als Reifungswachs immer nur durchsichtiges Wachs verwenden. Schimmelstellen können dann erkannt, entfernt und wieder mit flüssigem Wachs verstrichen werden.

Beim Reifungswachs werden normalerweise Temperaturen zwischen 130-140° C angewendet. Die Eintauchzeit beträgt etwa 1-2 Sekunden. Es entsteht dann ein dünner Wachsfilm, der einen gewissen Gasaustausch und damit die Reifung ermöglicht.

Bei diesen Temperaturen entsteht eine fest mit dem Käse verbundene Wachsschicht, die man praktisch nur abschneiden kann.

Um zu einer abschälbaren Schicht zu kommen, erfolgt ein zweites Wachsen, meist im Temperaturbereich von 85-95° C. Man erhält dann eine dickere Schicht, die sich aber so mit dem ersten Wachs verbindet, daß das gesamte Wachs abpellbar ist. Für dieses zweite Wachsen kann dann auch farbiges Wachs verwendet werden. Man kann dieses dicke Wachs auch vor dem Verkauf entfernen und hat dann praktisch einen rindenlosen Käse.

Durch die Wachsschicht wird auch das Austrocknen im Reifungsraum gemindert. Man kommt mit einer Luftfeuchtigkeit von ca. 75% aus.

Arbeiten mit Wachs

Das Wachs wird am besten in einem thermostatisch geregelten Behälter auf die vorgeschriebene Temperatur erhitzt. Ein Überhitzen schädigt das Wachs. Durch den Thermostat erfolgt eine automatische Nachheizung, wenn das Wachs durch das Eintauchen der kalten Käse abkühlt. Man sollte dabei auf die Lampe achten, die erlischt, wenn die Temperatur erreicht ist. Die Eintauchzeit wird man durch Zählen bestimmen müssen. Für größere Betriebe gibt es auch einfache, halbautomatisch arbeitende Einrichtungen.

Das Eintauchen kann sonst von Hand erfolgen. Besonders bei kleineren Käsen. Man taucht dann erst die eine Hälfte ein, wartet, bis das Wachs erstarrt ist, und taucht dann die andere Hälfte ein. Dabei kann man sich leicht verbrennen.

Besser ist es, wenn man sich ein Gestell anfertigt, wo der Käse nur auf drei, vier Auflagepunkten liegt und dann an einem Stiel eingetaucht wird. Die nicht gewachsten Auflagepunkte werden dann mit heißem Wachs und einem Pinsel verstrichen.

Wachsverbrauch

Der Wachsverbrauch hängt von der Wachstemperatur und der Eintauchzeit ab. Bei 130-140° C rechnet man mit etwa 1-1,5 %, bei Temperaturen unter 100° C mit etwa 4% des Käsegewichtes wobei immer das Verhältnis Käseoberfläche : Gewicht eine Rolle spielt.

Da das Wachs mitverkauft wird, ist das jedoch kein wirtschaftliches Problem.

Reifen mit Kunststoffdispersionen

Auch ihre Anwendung setzt einen abgetrockneten Käse voraus. Die Mittel werden dann nach Vorschrift der Hersteller meist mit einem Pinsel oder Schwamm aufgetragen. Es ergibt sich ein plastischer Film, der ebenfalls vor Fremdschimmelbefall schützt. Dieser Schutz kann noch durch den Zusatz von Fungiziden erhöht werden.

Besonders wenn Fungizide (Schimmelhemmer) verwendet werden, genügt bei schneller reifenden Käsen meist eine Behandlung. Sie kann aber bei Bedarf wiederholt werden.

Meist enthalten diese Mittel auch noch einen Farbstoff, z.B. Karotin. Dadurch erhalten die Käse ein schöneres äußeres Aussehen.

Die Anwendung ist insgesamt viel einfacher als das Wachsen. Nur muß die Anwendung dieser Mittel in der Regel mit dem Vermerk gekennzeichnet werden: „Rinde zum Verzehr nicht geeignet". Bei der Verwendung von Fungiziden müssen diese angegeben werden.

Folienreifung

Es werden spezielle Kunststoffolien verwendet. Die Käse werden sofort nach dem Salzen, teilweise vorher mit einer dosierten Salzmenge, in Folien gesteckt und vakuumverpackt. Danach werden sie kurzfristig in ein Wasserbad mit ca. 90° C getaucht. Da es sich auch um eine Schrumpffolie handelt, erhält man danach einen faltenfreien, festanliegenden Überzug, der meist - entsprechend bedruckt - auch Verkaufspackung ist.

Danach spielt bei der Reifung nur noch die Temperatur, nicht aber die Luftfeuchtigkeit, eine Rolle.

Mit einer Vakuumverpackungsanlage und dem Heißwasserbad ist der technische Aufwand hoch. Dafür entfallen aber alle anderen Arbeiten.

Der Nachteil: Durch diese Verpackung ist der Geschmack der Käse wenig ausgeprägt und wird quasi standardisiert.

Reifen ohne Oberflächenflora und Schutz

Beim Reifen ohne Oberflächenflora und Schutz geht es neben dem regelmäßigen Wenden hauptsächlich um die Vermeidung von Fremdschimmel. Man sollte möglichst die Voraussetzungen schaffen wie beim Weißschimmelkäse, also Fremdschimmelinfektionen in allen Bereichen vermeiden. Auch tiefe Temperaturen verzögern zumindest ihre Entwicklung.

Wichtig ist auch, daß man eine völlig geschlossene Käsehaut hat. Gerade in eventuell vorhandenen tiefen Stellen entwickelt sich bevorzugt Schimmel. Seine Entfernung führt dann zu einer weiteren Vergrößerung dieser offenen Stellen.

Besonders bei großen Käsen, z.B. bei Hof-Bergkäse, wird Fremdschimmel durch Abwischen mit Salzwasser bekämpft, wobei die Salzkonzentration nie ausreicht, den Schimmel nachhaltig zu hemmen, wohl aber dazu beiträgt, die

Rindenbildung zu verstärken. Das kann bei großen Käsen erwünscht sein, wenn sie später unverpackt verkauft werden.

Bei kleineren Käsen, die sowieso verpackt werden müssen, bedeutet Rinde für den Verbraucher Verlust, weil sie abgeschnitten wird. Andererseits fördert eine Befeuchtung der Rinde, ob nun mit oder ohne Salz, wieder weiteres Fremdschimmelwachstum.

Auch ein Einreiben mit Öl verhindert einen Schimmelbefall nicht. Im Gegenteil, durch das Fett wird die Mykotoxinbildung noch verstärkt. Und Öl mit Schimmel durchwachsen läßt sich nur schwer wieder entfernen.

Abwaschen der Käse

So gereifte Käse wird man vor dem Verkauf meist abwaschen müssen. Dabei sollte man nie mit zu warmem Wasser arbeiten (Temperatur ca. 15° C). Sonst kann es zu einem starken Ausölen des Käsefettes an der Oberfläche kommen.

Dafür sollte man die Käse lieber etwas länger einweichen. Danach läßt sich die Oberfläche leicht mit einer weichen Bürste säubern. Ein Nebeneffekt dabei ist, daß zu trockene Käse beim Einweichen noch etwas Feuchtigkeit aufnehmen.

Abgewaschene Käse können noch etwas feucht verpackt werden, die Verpackung klebt dann etwas an. Oder sie werden getrocknet mit einer Wachsschicht überzogen oder auch eingeölt. Das ist ein sehr altes Verfahren. Verwendet werden dürfen ohne Kennzeichnung alle Speiseöle. Früher wurde meist naturbelassenes Leinöl verwendet. Durch dessen Farbstoffe werden Verfärbungen auf der Oberfläche durch Schimmel etwas kaschiert.

Bei kleineren Käsen mit heller Oberfläche kann dem Öl auch etwas Käsefarbe auf Karotinbasis zugesetzt werden. Man bekommt dann eine gelbe bis goldgelbe Oberfläche, je nach Dosierung.

Durch den höheren Fettgehalt der Rinde wird der Käse so bedingt vor einer weiteren Austrocknung während des Vertriebs geschützt. Es gibt allerdings keinen absoluten Schutz vor weiterem Fremdschimmelbefall.

Weitere Käsearten

Käse mit Innenschimmel

Käse mit Innenschimmel sind bekannt als Roquefort, Stilton, Gorgonzola, Edelpilzkäse usw. Es handelt sich dabei um sehr alte Käsearten. Bis vor rund 40 Jahren wurde noch wildverschimmeltes Brot als Kultur verwendet. Heute darf nur noch mit Kultur von *Penicillium roqueforti* gearbeitet werden. Auch dabei gibt es verschiedene Unterarten, die teils grün, aber auch bläulich-grün sein können. Diese Kultur kann sowohl der Milch als auch dem Bruch zugesetzt werden. Teilweise wird sie dann auch schichtweise beim Schöpfen zugesetzt. Man erhält durch die ungleiche Verteilung dann eine aderförmige Schimmelbildung. Abgesehen von dem zusätzlichen Kulturzusatz werden die Käse normal hergestellt. Auch die Größe spielt keine Rolle. Ab etwa 500 g kann man sie in jeder Größe herstellen. Die Käse werden meist etwas stärker gesalzen (bis etwa 3%).

3-4 Tage nach dem Salzen, oft auch wesentlich später, werden die Käse pikiert. Das heißt, sie werden mit etwa 2-4 mm dicken Nadeln aus Edelstahl durchstochen. Im Handbetrieb verwendet man meist ein sogenanntes Nadelbrett, aus dem die Nadeln dann hervorragen. Und zwar in einer Länge, daß sie beim Aufdrücken des Käses diesen zu etwa 2/3 durchbohren. Danach wird die andere Seite aufgedrückt. Ein ganzes Durchstechen führt sonst an der anderen Oberfläche zu Ausbrüchen. Durch diese Einstiche wird dem Schimmel Sauerstoff zugeführt, damit er sich auch im Käse selbst entwickeln kann. Durch die Zahl der Löcher kann man den Schimmelwuchs im Inneren steuern. Normal sind etwa 20 Einstiche bei einem Käse von 20 cm Durchmesser.

Damit die Luftzufuhr von beiden Seiten erfolgen kann, werden größere Käse hochkant in ein Gestell mit entsprechenden Rundungen gelagert. Man kann auch Horden oder Kästen verwenden.

Die Käse dürfen während der Schimmelentwicklungszeit nicht gewischt oder gewaschen werden, weil das zu einem Verstopfen der Luftzufuhr führen würde.

Die Reifung erfolgte früher meist in Höhlen bei Temperaturen um die 8° C. Dadurch wurde gleichzeitig der Schimmelwuchs in Grenzen gehalten. Da man aber durch Verschmieren der Einstichlöcher diesen Wuchs jederzeit unterbinden kann, kann man auch im Bereich bis 15° C reifen lassen.

Dabei muß man bedenken, daß auch danach die schon vom Schimmel gebildeten Stoffwechselprodukte bei normalen Temperaturen weiterarbeiten. Will man auch diese Entwicklung unterbinden, sind Temperaturen um 1-2° C notwendig.

Durch den Kulturzusatz kommt es zwangsläufig auch zu einer Schimmelbildung auf der Käseoberfläche, zumal die Lebensbedingungen für den Schimmel hier besser sind als im Inneren. Dieser Außenschimmel wird meist dann abgewaschen, wenn die Schimmelbildung im Inneren abgeschlossen ist. Dadurch kommt es dann gleichzeitig zu einem Verschließen der Einstichstellen.

Danach kann eine Weißschimmelkultur übersprüht werden.

Käsefehler: Stark ranzig - seifig

Dieser Käsefehler tritt durch eine zu starke Entwicklung der Fettspaltung durch den Schimmel auf. Letztlich verseift das Fett - eine Gefahr besonders bei hohen Reifungstemperaturen und ungenügenden Kühlmöglichkeiten. Dabei ist auch zu bedenken, daß es bei großen Käsen eine Woche und länger dauern kann, bis die eingestellte Temperatur auch die Käsemitte erreicht.

Das Risiko mit Fremdschimmel

Es ist besonders unter einfachen Verhältnissen nie zu vermeiden, daß sich zusätzlich ein grüner Fremdschimmel ansiedelt, der auch mit in den Käse einwächst, wobei sich wenige durch die Luft übertragene Schimmelsporen im ganzen Reifungsraum verbreiten können. Da diese Infektion nur durch bakteriologische Untersuchungen erkennbar ist, besteht ein großes Risiko. Solche Käse werden natürlich von den Überwachungsbehörden beanstandet, und die Folge kann sein, daß der ganze Lagerbestand nicht verkehrsfähig ist.

Käse in Öl

Die Herstellung von Käse in Öl ist ein altes, aus Südeuropa stammendes Verfahren. Verwendet werden nur Labkäse. Und meist liegen dafür hergestellte Käse im Weich- bzw. halbfesten Schnittkäsebereich. Die Käse werden entweder in sehr kleinen Formen (50-100 g) produziert oder später in entsprechende Stücke geschnitten. Nach dem Salzen müssen sie gut abtrocknen. Wasserreste führen später zu Schlieren und auch zur Oxidation des Öles.

Im Öl selbst kommt es zu einer weiteren Säuerung durch den Restsauerstoff und durch anaerobe Bakterien und Hefen. Um hier Geschmacksverschlechterungen zu vermeiden, sollte die Milch gut vorgereift sein. Zu einer richtigen Reifung kommt es kaum.

Deshalb verwendet man auch vorgereifte Käse, z.B. solche, die 7-14 Tage in Salzlake bei 15-20° C vorgereift sind. Aber auch normal gereifte Käse können so verarbeitet werden. Daher eignet sich dieses Verfahren auch für Reste vom Verkauf oder für durch irgendwelche Umstände äußerlich schlecht aussehenden Käse. Natürlich muß dann die Rinde entfernt werden.

Verwendete Öle

Als Öl kann man jedes Speiseöl verwenden, teilweise auch naturbelassenes. Allerdings beeinflußt dessen starker Eigengeschmack den späteren Käse nicht immer positiv.

Verwendet man klares Öl, können - mehr zur Verzierung - auch möglichst trockene Kräuter und Gewürze beigefügt werden. Bei der Verwendung von Einzelgläsern kann dabei seine spätere Verwendung als Salatöl berücksichtigt werden. Die Geschmacksbeeinflussung des Käses selbst ist gering.

Verpackung

In der Regel verwendet man Gläser mit Twist-Off-Verschluß. Kleine Gläser haben dabei den Nachteil, daß durch Glas und Öl der eigentliche Käse sehr teuer wird (Zweitnutzung als Salatöl). Dafür können sie sehr dekorativ aufgemacht werden und eignen sich für Selbstbedienungsverkauf.

Neben der üblichen Käsekennzeichnung muß die Käseeinwaage angegeben werden. Der Käsepreis selbst kann dadurch gesenkt werden, daß größere Gläser verwendet werden und die Stücke dann einzeln aus dem Glas heraus verkauft werden.

Verderblichkeit des verwendeten Öls

Besonders klare raffinierte Öle, aber auch naturbelassene, dunkle sind lichtempfindlich. Am stärksten durch direkte Sonneneinstrahlung, aber auch durch Kunstlicht kommt es zu einer Fettspaltung. Das Öl wird ranzig. Durch den Käse und andere Zutaten kann dieser Vorgang noch forciert werden. Das vorrätige Öl, besonders natürlich die abgepackten Gläser, sollten grundsätzlich dunkel aufbewahrt werden. In Verkaufsregalen sollten die Gläser deshalb möglichst täglich ausgetauscht werden. Auch eine Kühlung verzögert diese chemischen Umsetzungen. Braune Gläser vermindern den Lichteinfall um etwa 30%.

Reibekäse

Reibekäse wird normal aus Hartkäse hergestellt, aber auch aus ausgetrockneten Käseresten. Ein möglichst geringer Wassergehalt ist der einzige Schutz vor Fremdschimmelbefall, besonders wenn die Käse diesbezüglich vorbelastet waren. Deshalb empfiehlt es sich auch, keine zu großen Portionen herzustellen und

den Käse erst unmittelbar vor dem Verkauf zu mahlen. Ideal wäre eine Vakuumverpackung.

Zum Mahlen eignet sich ein Fleischwolf mit entsprechenden Vorsätzen.

Schmelzkäse

Die Herstellung von Schmelzkäse ist eine Wissenschaft für sich. Hier soll nur eine Verwertung von Fehlproduktionen aufgezeigt werden, wobei diese Herstellung relativ einfach ist. Der Käse wird möglichst fein zerkleinert und dann in einem Wasserbad auf ca. 85° C erhitzt. Dabei muß ab und zu gerührt werden. Es müssen je nach Vorschrift des Herstellers 2-5 % Schmelzsalz zugesetzt werden. Dieses Salz besteht vorwiegend aus Phosphaten und Zitronensäureverbindungen. Es wirkt vor allem als Emulgator, denn bei der Erhitzung kommt es zu einer Trennung von Fett und Eiweiß, und alleine durch Rühren kommt man nicht wieder zu einer gleichmäßigen Struktur des späteren Schmelzkäses.

Dabei ergeben frische Käse bedingt durch ihren Säuregehalt einen stark sauren Geschmack, sie sollten also mit älteren schon gereiften Käse vermischt werden. Umgekehrt kann der intensive Geschmack mancher älterer Käse durch den Zusatz von frischem Käse gemildert werden. Weitere Geschmacksverbesserungen kann man durch den Zusatz aller möglichen Gewürze und Kräuter erreichen.

Wenn die Masse dann heiß in dicht verschließbare Gläser gefüllt wird, hat man eine Halbkonserve, die auch ungekühlt lange haltbar ist.

Verpackung

Die Verpackung ist kein Problem beim Abhofverkauf. Dann benötigt man im Grunde nur ein Einwickelpapier.

Ebenfalls kein Problem gibt es bei großen Käsen mit ausgeprägter Rinde oder kleineren oder die eine angetrocknete Rotschmiere haben, in Wachs oder Folie gereift sind.

Verkauft man andere Sorten über den Handel, kommt man um eine Verpackung kaum herum. Dabei gibt es zwei Möglichkeiten: Liefert man direkt an den Einzelhandel, reicht in der Regel die Verpackung des Käses selbst. Vertreibt man über einen Großhandel, wird man auch Gebinde für den verpackten Käse benötigen. Meist sind es dann Einwegverpackungen oder Kartons.

Die Aufgaben der Verpackung

Verpackung soll den Käse vor nachteiligen äußeren Einflüssen schützen. Dazu gehört auch der Schutz vor Austrocknung, wenn Käse gekühlt aufbewahrt werden. Die Austrocknungsverluste können in einer Woche bis zu 10% betragen.

Besonders auch bei riechenden Käsen dient Verpackung als Geruchsschutz gegenüber der Umwelt. Andererseits wird auch nur so das volle Aroma erhalten.

Verpackung dient auch der Verbesserung des Aussehens, z.B bei abgewaschenen Rotschmierekäsen. Und schließlich ist sie, besonders bei kleineren Käsen, auch Träger der nötigen Kennzeichnung.

Verpackungsmittel

Alle verwendeten Verpackungsmittel müssen für Lebensmittel geeignet sein. Das gilt auch für die Folien, die man im Lebensmittelhandel kaufen kann. Einfache Kunststofffolien sind nicht geeignet. Sie sind absolut gasdicht. In ihr erstickt ein Käse schon nach wenigen Tagen, was zu einem unangenehmen bitteren Geschmack führt. Auch bei eigentlich schon vollausgereiften Käsen ist immer noch ein gewisser Gasaustausch notwendig.

Geeignet sind:

Zellglas: Von Markenfirmen wird diese auch als atmende Folie im Einzelhandel angeboten. Zellglas wird auch besonders in Fleischereien als Einwickler benutzt und ist über deren Großhandel relativ einfach als Blattware zu beschaffen.

Zellglas kann mit speziellen Wärmeplatten auch verschweißt werden.

Zellglas ist für attraktiv aussehende Käse eine ideale Verpackung. Seine Durchsichtigkeit ist ein Nachteil bei weniger gut aussehenden Käsen. Das gilt auch für Weißschimmelkäse, die besonders an Scheuerstellen leicht grau-braun aussehen werden oder die Rotschmiere durchschimmert.

Beschichtete Papiere: Es werden pergamentähnliche Papiere mit Kunststoff oder Wachs beschichtet. Auch sie werden als Einwickler verwendet und sind deshalb relativ leicht zu bekommen. Sie sind nicht verschweißbar. Aber durch ihre Eigenfarbe ist der Käse nicht sichtbar.

Echtes Pergament war früher das Verpackungspapier für viele Nahrungsmittel. Seitdem Lebensmittel gekühlt werden, hat es an Bedeutung verloren, weil es ein Austrocknen zwar mindert, aber bei weitem nicht verhindert.

Aluminiumfolien sind, besonders wenn sie sehr dünn ausgewalzt sind, sehr korrosionsanfällig. Bei Rotschmierekäsen kommt es bei längerer Verpackungsdauer zu einem regelrechten Durchfressen. Dadurch wird der Käse mit den Abbauprodukten belastet.

Deshalb wird die sehr dünne Folie entweder lackiert, heute meist mit einem Kunststofffilm, oder kaschiert. Das heißt, es wird eine dünne Papierschicht, meist Pergament, aufgeklebt, so wie man es von den Buttereinwicklern her kennt. Solche Einwickler kann man nur von Fachfirmen, meist direkt vom Hersteller, beziehen. Sie sind aber aus ökologischen Gründen mit Vorbehalten zu sehen.

Daneben gibt es eine Vielzahl anderer Verpackungsmöglichkeiten, die aber meist bestimmte technische Einrichtungen vorraussetzen und für die es Verpackungsmaterial oft nur in Rollenform und damit in Mengen gibt, die für eine Hofkäserei indiskutabel sind.

In Frage käme unter Umständen eine Vakuumsverpackungsanlage, die ja auch im Fleischereibereich verwendet werden kann, mit einer zusätzlichen Begasungsanlage. Damit könnte gereifter Käse ganz oder auch stückweise verpackt werden.

Eine Begasung mit Stickstoff oder Kohlendioxid ist bei gereiften Käsen notwendig, weil sonst eine zu starke Säuerung eintritt.

Selbstklebeetiketten sind die einfachste Lösung für die Kennzeichnung verpackter Käse. Sie können in relativ kleinen Mengen bezogen werden und sind oft nicht teurer als einfach bedruckte Etiketten, die dann mit Klebstoff befestigt werden müssen.

Kartonverpackungen gibt es fertig in ganz bestimmten Größen zu kaufen, z.B. Butterkartons bei den Molkereizentralen. Man sollte schon bei der Entwicklung der Produkte, wenn es geht, auf diese Maße Rücksicht nehmen.

Für Kartons mit speziellen Maßen sind ein Werkzeug und dann auch entsprechende Stückzahlen erforderlich. Bei der Kartonverpackung, die nur, wenn man über den Großhandel liefert, notwendig sind, sollte man bedenken, daß der Kartoninhalt später die Mindestbestellmenge für den Einzelhandel ist. Bei Spezialitäten, besonders Ziegen- und Schafskäse, dürfen die Gebinde nicht zu groß sein.

Molkenverwertung

Besonders beim Verkäsen von Rohmilch ist die anfallende Molke noch sehr inhaltsreich. Sie hat einen Fettgehalt von etwa 1-1,5%, praktisch den gleichen Albumingehalt wie die Milch und alle ihre Salze und Spurenelemente. Eine Verwertung ist aber mit beträchtlichen Kosten verbunden.

Ein Entfetten ist nur mit einer Zentrifuge möglich. Aus dem gewonnenen Rahm kann man Butter herstellen. Beim Verkauf muß sie als Molkenbutter bezeichnet werden.

Die Zentrifuge aber muß nach jeder Benutzung gereinigt werden. Die Durchsatzmenge ist relativ gering, weil sich der Schlammraum schnell mit Käsestaub füllt (wertvolles Futter).

Ein Enteiweißen der Molke kann durch Erhitzen auf 80-90° C erfolgen.

Um zu einer guten Ausbeute zu kommen, muß die Molke einen SH- Grad von 14-16 haben. Nur in diesem Bereich kommt es zu einem großflockigem Ausscheiden des Albumins, so daß es abgefiltert werden kann. Bei niedrigeren oder höheren Werten entstehen so feine Flocken, daß ein Abfiltern nicht möglich ist.

Da in der Molke genügend Milchsäurebakterien vorhanden sind, kann man die Molke stehenlassen, bis sie den richtigen Säuregrad hat. Man kann aber auch Essig oder Milchsäure zusetzen und dann gleich die noch warme Molke erhitzen.

Mit dem Albumin setzt sich auch der Molkenstaub mit ab. Die Molke wird dann abgesaugt. Das ausgeflockte Eiweiß füllt man ähnlich wie Frischkäse in feinmaschige Beutel und läßt sie abtropfen. Dabei muß man anfangs noch vorsichtiger sein als bei Frischkäse, damit das Gerinnsel nicht durch das Gewebe drückt. Später wird man die Beutel etwas pressen müssen, um ein möglichst trockenes Molkeneiweiß zu bekommen. Das gewonnene Eiweiß entspricht in der Zusammensetzung in etwa dem Hühnereiweiß und ist deshalb sehr wertvoll. Leider ist es nur sehr begrenzt haltbar. Es muß praktisch sofort verbraucht werden und kommt deshalb als Verkaufsware kaum in Frage.

Es wurde früher weitergetrocknet, dann mit dem Zigerklee vermischt und als Reibekäse verwendet.

Die Ausbeute je 100 l Molke beträgt etwa 2-3 kg.

Andere Verwertungsmöglichkeiten

Eigentlich wäre Molke auch ein wertvolles Getränk, entweder frisch oder auch mit Säften vermischt. Es gab schon einmal richtige Molkenkuranstalten. Aber heute sind die Vorurteile wohl zu groß.

Dagegen kann sie sehr gut zum Brotbacken verwendet werden.

Meist bleibt wohl die Verfütterung an Schweine und Geflügel die beste Verwertung. Bei Rindern, Schafen und Ziegen, kann es Verdauungsstörungen geben.

Störungen in Kläranlagen gibt es, wenn Molke einfach in den Abwasserkanal geleitet wird.

Gesetzliche Bestimmungen

Wer Lebensmittel produziert und verkauft, wird mit einer Vielzahl von gesetzlichen Bestimmungen konfrontiert. Sie dienen, auch wenn das oft nicht erkennbar ist, dem Schutz des Verbrauchers.

Gewissermaßen das Grundgesetz für Lebensmittelhersteller ist das Lebensmittel- und Bedarfsgegenstände-Gesetz, LMBG. Sein Geltungsbereich ist sehr umfassend. Es schließt im Grunde nur für die eigene Familie hergestellte Lebensmittel aus. Es gilt selbst, wenn man Lebensmittel verschenkt und immer, wenn man Lebensmittel so oder zubereitet an Arbeitnehmer oder Geschäftspartner (Hofgemeinschaften) abgibt.

Weil die speziell auf Milch und Käse zugeschnittenen Gesetze und Verordnungen auf dem LMBG fußen, ist ihr Geltungsbereich gleich umfassend. Für eine Hofkäserei sind vor allem die Milch-VO und die Käse-VO maßgebend. Hinzu kommen die Hygiene-VOs der einzelnen Länder und die wieder allgemeinen Vorschriften über Kennzeichnung. Da diese Bestimmungen sich ständig ändern, kann hier nur auf die z.Z. gültigen Bestimmungen hingewiesen werden.

Dazu ein Tip: Alle Vorschriften werden im Bundesgesetzblatt bzw. den Gesetzblättern der Länder, veröffentlicht. Von den zuständigen Behörden sollte man sich die Veröffentlichungsdaten geben lassen, dazu sind sie vor allem bei Beanstandungen verpflichtet. Man kann sich dann in größeren Büchereien, aber auch bei den örtlichen Ämtern, Kopien besorgen.

Zur Zeit ist es noch so, daß Käsemachen eine Urproduktion ist, man also grundsätzlich keine Genehmigung benötigt, wenn man die im eigenen Betrieb erzeugte Milch zu Käse verarbeitet und diesen verkauft. Deshalb braucht man nicht Landwirt im gesetzlichen Sinne zu sein. Die Milchart Kuh, Ziege oder Schaf spielt dabei keine Rolle. Natürlich muß man die gesetzlichen Bestimmungen einhalten. Voraussetzung ist immer, daß die Tiere gesund sind. Bei einer Molkereilieferung erfolgen diese Kontrollen immer automatisch. Sonst muß man die Tiere untersuchen lassen, und zwar in regelmäßigen Abständen. Wer ohne solche Untersuchungen Käse verkauft, handelt grob fahrlässig.

Genauso wichtig ist eine ständige Euterkontrolle. Hier gibt es ja einfache Untersuchungsverfahren, die man selbst durchführen kann. Darüber sollte man Aufzeichnungen machen.

Es handelt sich dann nicht mehr um eine Urproduktion, wenn man Milch zukauft oder vielleicht mit anderen Micherzeugern zusammen eine Käserei betreiben will. Dann gilt es als gewerbliche Käseproduktion und es gilt eine Fülle weiterer Vorschriften einzuhalten, und in der Regel wird ein Sachkundenachweis, normal ein Meisterbrief im Molkereifach, fällig. Eine Genehmigung ist auch immer erforderlich, wenn man Frisch- und Weichkäse herstellen will. Diese dürfen nur aus erhitzter Milch hergestellt werden, und das dafür angewandte Erhitzungsverfahren muß genehmigt sein.

Oder man benötigt eine Abhofverkaufsgenehmigung, wenn man die genannten
Erzeugnisse aus roher Milch und dann
nur Abhof verkaufen will.

Probleme ergeben sich bei Frischkäse,
der ja die beste Verwertungsmöglichkeit
ist. Auf Weichkäse kann man verzichten,
und stattdessen halbfesten Schnittkäse
herstellen. Dieser darf aus Rohmilch gemacht werden. Der Unterschied im Wassergehalt beträgt gerade 3%.

Nach der neuen Milch-VO kann eine
Abhofverkaufsgenehmigung auch Zie-
gen- und Schafsmilchbetrieben erteilt
werden. Weil Voraussetzung dafür Güte-
klasse 1 ist, wären zusätzliche Untersuchungen notwendig. Ein Problem könnten die Zellzahlen sein. Sie müssen unter
500.000 pro Gramm, ab 1993 unter
400.000 liegen. Ob es da Sonderrege-
lungen geben wird, wird von Untersuchungen abhängen, die z.Zt. noch laufen.

Dafür haben diese Betriebe keine Probleme mit der Milchquote. Kuhmilchbe-
triebe müssen, wenn sie selbst vermarkten,
eine Selbstvermarktungsquote beantra-
gen. Dafür ist das Zollamt zuständig.
Probleme können durch langfristige Lie-
ferverträge mit Molkereien entstehen.

Kennzeichnung

Die Kennzeichnung muß grundsätzlich folgende Angaben enthalten: Käsegruppe, Fettgehalt in der Trockenmasse,
(F.i.Tr. abgekürzt), Adresse des Herstellers und Herstellungsland.

Aufgrund des Wassergehaltes in der
fettfreien Trockenmasse, Wff-Gehalt,
werden die Käse in verschiedene Grup-
pen eingeteilt. Damit wird dem Verbraucher garantiert, daß jeder Käse, unabhängig von seinem Fettgehalt, einen bestimmten Eiweißgehalt hat.

Käsegruppe	Wassergehalt in der fettfreien Trockenmasse (Wff-Gehalt)
Hartkäse	56% oder weniger
Schnittkäse	mehr als 54 bis 63 %
halbfester Schnittkäse	mehr als 61 bis 69 %
Weichkäse	mehr als 67%
Frischkäse	mehr als 73%

Einteilung der Käse in Käsegruppen

Der Wff-Gehalt eines Käse läßt sich
nur durch Untersuchungen feststellen.

Weil der Wassergehalt wirtschaftlich
eine große Rolle spielt, sollte man seinen
Käse einmal untersuchen lassen, wobei
man es nicht so eng sehen sollte. Denn der
Wff-Gehalt fällt selbst bei verpackten
Käse durch Austrocknung, kann aber auch
bei sehr feuchter Lagerung ansteigen.
Dieser Wert kann sich also nach Abgabe
an den Handel durchaus verändern.

Nicht dagegen verändert sich der Fettgehalt in der Trockenmasse. Aber hier
sind die Probleme im Grunde geringer.
Verkäst man die volle Ziegen- oder Kuhmilch, liegt man immer über 50% F.i.Tr.

Nur bei Schafsmilch kann es Probleme
geben. Hier liegen in der Regel die Werte
niedriger, zwar meist auch über 45 %,
aber sicher ist das nicht. Wenn man aber
ohnehin eine Untersuchung auf den Wff-
Gehalt durchführt, erhält man den F.i.Tr.-
Gehalt gleich mit. Der F.i.Tr.-Gehalt ändert sich während der Laktionszeit nur
wenig.

Diese Kennzeichnung wird zudem dadurch wesentlich vereinfacht, daß, wenn

142

die volle Milch verkäst wird, das Wort „mindestens" vor den F.i.Tr.-Gehalt setzen kann. Dann muß der angegebene Fettgehalt natürlich vorhanden sein. Man macht sich aber nicht strafbar, wenn der Fettgehalt eine Stufe höher liegt. Deshalb hat sich eigentlich eingebürgert, auch Kuh- und Ziegenkäse mit „mindestens 45% F.i.Tr." oder „Vollfettkäse" zu kennzeichnen. Liegt man bei Schafskäse in der Nähe von 45%, kann man ihn sicherheitshalber mit 40% kennzeichnen.

Entrahmt man die Milch auch nur teilweise, darf man das Wort „mindestens" nicht verwenden. Die angegebene Fettgehaltstufe muß dann stimmen.

Noch ein Wort zum Magerkäse. Dafür kommt ja nur Frischkäse (Quark) in Frage. Bei dieser Kennzeichnung muß der F.i.Tr.-Gehalt unter 5% liegen. Entrahmt man von Hand oder mit einfachen Handzentrifugen, liegt man viel höher.

Amtliche Käseprüfungen

Das hört sich schlimm an, aber im Grunde kommt man auf diese Weise zu kostenlosen Untersuchungen in bezug auf Wff-Gehalt und F.i.Tr.-Gehalt. Diese Prüfungen werden für Molkereien durchgeführt. In manchen Bundesländern ist es erwünscht, daß Hofkäsereien teilnehmen. Andere Länder sperren sich. Auskunft geben in jedem Fall die Landwirtschaftsministerien.

Nimmt man an Prüfungen teil, muß man dem Käse einen Namen geben. Das darf auf keinen Fall einer der bekannten deutschen Käsesorten sein.

Hier eine Liste der zur Zeit gültigen Standardsorten, also Namen, die man für seinen Käse nicht verwenden sollte.

Bauernhandkäse	Bergkäse
Brie	Butterkäse
Camembert	Chester
Doppelrahmfrischkäse	Edamer
Edelpilzkäse	Emmentaler
Gouda	Handkäse
Harzer Käse	Korbkäse
Kräuterkäse	Limburger
Mainzer Käse	Münsterkäse
Olmützer Quargel	Rahmfrischkäse
Romadur	Sauermilchkäse
Schichtkäse	Speisquark
Spitzkäse	Stangekäse
Steinbuscher	Tilsiter
Weißlacker	Wilstermarschkäse

Standardkäsesorten

Sie alle sind sogenannte Standardsorten, für die es genaue Herstellungsvorschriften gibt, die eben auf Industriekäse zugeschnitten sind.

Auch der Bergkäse zählt zu den Standardsorten. Zwar muß er auch aus Rohmilch hergestellt werden, aber die auf dem Hof hergestellten Bergkäse erfüllen diese Ansprüche im Grunde nie.

Hier geht man allen Schwierigkeiten aus dem Weg, wenn man einen eigenen Namen erfindet.

Angeben muß man, wenn der Käse aus Ziegen- oder Schafsmilch hergestellt ist.

Bei Mischkäse, in der Regel sind dann Ziegen/Schafsmilch mit Kuhmilch vermischt, kann der Käse noch als Ziegen/Schafskäse bezeichnet werden, wenn der Anteil dieser Milchen mindestens 51% beträgt. Es kommt dann zu einer fast kuriosen Kennzeichnung „Ziegen/Schafskäse, hergestellt unter der Verwendung von Milch", weil Kuhmilch nach dem Milchgesetz Milch ist.

Mit dieser Klausel müssen auch anderweitige Zusätze gekennzeichnet werden. Dabei muß Salz nur bei Frischkäse erwähnt werden.

Verwendet man Kräuter/Gewürzmischungen, kann man die Zusätze einzeln aufführen. Es reicht aber auch die Angabe Kräuter/Gewürzmischung.

Zur Zeit ist nur bei Frischkäse die Angabe „gekühlt haltbar bis..." notwendig. Es ist aber damit zu rechnen, daß ein Haltbarkeitsdatum für alle Käsegruppen vorgeschrieben wird. Zu welchen Detailregelungen man da kommen wird, ist unter Experten noch umstritten.

Neben der Adresse des Herstellers müßte eigentlich auch noch das Herstellungsland, also Deutschland oder eine bekannte Region, z.B. Bayern oder Holstein, angegeben werden. Aber eigentlich kommt das nur für überregional vertriebene Käse in Frage.

Besondere Regelungen gibt es für Käse in sogenannter SB-, Selbstbedienungspackung. Hier müssen alle erwähnten Angaben auf der Packung stehen.

Wenn diese Käse nicht bestimmte Standardgewichte haben, z.B. 100, 125, 150, 200, 250 g, muß der Kilopreis angegeben werden. Ein Problem wird das, wenn man mehrere Geschäfte mit unterschiedlichen Verkaufspreisen beliefert.

Andererseits gibt es bei kleinen handgeschöpften Käsen nach der Eichordnung auch große Toleranzen. Das heißt, man kann untergewichtige Käse haben, solange durch übergewichtige das Gebindegewicht stimmt. Dabei nimmt man in der Regel 10 Packungen an. Wenn also 10 Käse à 125g zusammen 1,25kg wiegen, schaden gewisse Untergewichte nicht. Dabei wird grundsätzlich die Verpackung nicht mitgewogen. Das alles ist auch kein Problem, solange man die Käse selbst verkauft, also Abhof oder auf einem Marktstand. Dann kann man auf entsprechenden Schildern den Kilopreis kundtun. Das würde, genau genommen, auch in Geschäften reichen. Nur bei abgepackten Käsen bleibt immer der Abpacker, also man selbst, für die richtige Kennzeichnung verantwortlich.

Dieses Problem hat man nicht bei Käsen über 500 g, also solchen, die normalerweise an der Käsetheke verkauft werden. Diese Käse brauchen nicht einmal einzeln eine Kennzeichnung zu haben. Dafür müssen alle Angaben bei Lieferung auf Rechnung oder Lieferschein stehen. Für die richtige Kennzeichnung ist dann der Händler verantwortlich.

Selbstverständlich benötigt man zumindest eine geeichte Waage in den richtigen Gewichtsbereichen.

Gesundheitszeugnis

Ebenso braucht man ein Gesundheitszeugnis, bei Rohmilchkäse sollten das auch die Melker haben. Das kostet meist etwa 30 DM und gilt lebenslänglich.

Aufzeichnungen

Insgesamt wird die Tendenz dahin gehen, daß Lebensmittelbetriebe, auch dazu zählt man als Hofkäserei, weitgehend selbst Untersuchungen durchführen müssen. Im Grunde ist das eine Sache anerkannter Labors. Aber im LMBG ist auch die Verhältnismäßigkeit verankert. Deshalb sollte man über eigene Untersuchungen, z.B. zur Eutergesundheit oder die auch relativ einfachen Verfahren zur Keimzahlbestimmung, regelmäßige Aufzeichnungen machen.

Der Autor

Walter Münster wurde 1928 geboren. Nach dem Krieg, im Jahre 1947, begann er eine Molkereilehre und arbeitete danach in verschiedenen Molkereien und Käsereien in Holstein, Niedersachsen, Westfalen und Hessen.

Nach dem Besuch einer Lehrkäserei legte er die Molkereimeisterprüfung ab. Da in den sechziger Jahren immer mehr Molkereien schlossen, ging Walter Münster in die Margarineindustrie, wo er 15 Jahre lang als Meister und Betriebsleiter tätig war.

1972 begann er mit dem Aufbau einer Ziegenmilchkäserei in Holstein. Da es zu dieser Zeit in Deutschland nur noch wenige Ziegen und somit auch nur wenige Experten auf diesem Gebiet gab, half er anderen Ziegenhaltern auch beim Aufbau ihrer Betriebe.

Bis 1983 belieferte Walter Münster Bioläden, Reformhäuser und Feinkostgeschäfte in der gesamten Bundesrepublik mit seinem Ziegenkäse. Seine Ziegenmilchkäserei konnte sich als einzige in der Bundesrepublik über viele Jahre hinweg ohne staatliche Hilfe auf dem Markt behaupten.

1983 gab Walter Münster seinen Betrieb nach einem schweren Unfall auf und begann, sein Wissen und seine Erfahrung auf andere Arten weiterzugeben. Er ist oft auf Reisen und läßt Interessierte von seinem Wissen und seiner Erfahrung in seinen vielen Käsekursen profitieren.

Sein erstes Buch „Käse selbstgemacht" erschien im Jahre 1986; im Jahre 1989 folgte „Milch und Milchprodukte".

Die vorliegende Neuauflage von „Käse selbstgemacht" ist eine völlige Neubearbeitung, bei der Walter Münster zusätzliche Erkenntnisse, die er in den letzten Jahren sammeln konnte, verwertete.

„Käse selbstgemacht" richtet sich sowohl an Fachleute als auch an Hobbykäser, die in diesem Buch wertvolle Anregungen für die Hobbykäserei finden können.

Literatur

Chemie und Physik der Milch, VEB Fachbuchverlag, Leipzig

Labkäsetechnologie 1 - 2, Verlag Th. Mann, Gelsenkirchen-Bruer

Neuzeitliche Käsebereitung, G.P. Hopfer-Verlag,
Norden/Ostfriesland

Lehrbuch der praktischen Käserei, Heinrichs-Verlag, Hildesheim

Bauernkäserei, G. Moser, Hofgut Imsbach, Tholey Eigenverlag

ABC des Molkereilaboratoriums, Springer Verlag, Berlin,Göttingen,
Heidelberg

Grundriß der milchwirtschaftlichen Mikrobiologie,
Volkswirtschaftlicher Verlag, Kempten

Grundlagen der Lebensmittelmikrobiologie,
VEB Fachbuchverlag, Leipzig

Die Reinigung und Desinfektion in der Milchwirtschaft,
Th.Mann Verlag, Hildesheim

Hinweise zum Bau einer Hofkäserei,
Eigenverlag W. Münster, Dorfstr.14, 24613 Aukrug

Zusammensetzung der Lebensmittel,
Wissenschaftliche Verlagsgesellschaft, Stuttgart

Bulletin of the International Dairy Federation 202/1986 (engl)

La fabrication du fromage de chevre fermir, Institut technique
l'elevage ovin et chaprin, Paris (frz)

Die kleine Hofmolkerei, Selbstverlag, I. und M. Drews,
Kanaldamm 31, 25436 Tornesch-Ahrenlohe

Bezugsquellen

Allgemeiner Käsereibedarf (Geräte, Kulturen, Lab, etc.)

Rolf Rockmann, Postfach 750816, D-28728 Bremen

Fa. Eschenbüscher, Heitwinkel 19, D-33129 Delbrück-Boke

Etscheid, Industriegelände, D-53577 Neustadt/Wied-Fernthal

Jörg Bernhardt, Schafzuchtbedarf -Käsereibedarf, Friedhofstr. 24, 35753 Beilstein

Bunte Kuh, Hinterdorfstr. 21, D-36154 Hosenfeld

Fa. Selbermachen, E. Schmidt, Schubertstr. 1, D-75365 Calw-Altburg

Helmut Rink, Wangener Str. 18, D-88279 Amtzell/Allgäu

Martin Kössel, Postfach 1332, D-87503 Immenstadt im Allgäu

Betriebsmittel-Industriebedarf, Postfach 116, A-1013 Wien

Etscheid A, F. Pointer, Witzelsberg, A-4271 St. Oswald

G. Strutzenberger, Lauterbach 69, A-4560 Kirchdorf/Krems

Gebtsroither, Mittelhofstr. 11, A-4600 Wels

Herbert Glück, Postfach 32, A-5015 Salzburg-Taxham

Rademaker, P.O. Box 81, NL-3640 AB Mijdrecht

Pourprix, 15 Rue de Gerland, F-69007 Lyon

Kulturen

Laboratorium Wiesby, Gotteskoogstr. 40, D-25899 Niebüll

Biokosma GmbH, Postfach 5509, D-78434 Konstanz 12

Wiesby Österreich, PKL Saalfelden, Postfach 103, A-5760 Saalfelden

Chr. Hansen Laboratorium A/S, Skt.-Annae Plads 3, DK-1250 Copenhagen K

Laboratoires Humeau, ZA de Gesrine-Rue Kepler, F-44240 La Chapelle/Erdre

Wiesby Italien, Piazza Cinita d. Italia 2 B, I-20059 Vimercate

Lab

HB Fuller, An der Roten Bleiche 2 - 3, D-21335 Lüneburg

Biokosma GmbH, Pf 5509, D-78434 Konstanz 12

Josef Hauser, Postfach 1251, D-86345 Neusäß

A. Schwarz & Co., Am Hof 13, A-1011 Wien

Fa. Hundsbichler, Fischergries 22, A-6332 Kufstein

Laboratoire Presure Granday, Zone Industrielle Beaume Nord, B.P. 3, F-21201 Beaume Cedex (Ziegenlämmerlab)

Verpackungsmittel

Hugo Jung, Feldbergstr. 54, D-77731 Willstätt

Meßgeräte

M.K. Juchheim, Moltkestr. 13-31, D-36039 Fulda (pH - Temperatur - Luftfeuchtigkeit)

Nordmann, Alfred Kaut, Tannenbergstr. 33 - 35, D-42103 Wuppertal-Eberfeld, (Reifungsraumklima)

Nordmann, Hofackerstr. 55, CH-4132 Muttenz, (Reifungsraumklima)

Untersuchungen (Keimzahlbestimmung)

Schülke und Mayr, Heidbergstr. 100, D-22846 Norderstedt

Milchwirtschaftliche Lehr- und Forschungsanstalt, Postfach 1552, D-88231 Wangen/Allgäu (auch Kulturen)

Käsekessel - Butterfässer

Alois Binderberger, Ausstr. 11, A-6200 Jembach

Schmelzsalz

B.K. Ladenburg, Dr.A. Reimannstr. 2, D-68526 Ladenburg

Käsereimaschinen

Asta-Eismann, Postfach 1164, D-59241 Beckum

Fa. Drews, Kanaldamm 31, D-25436 Tornesch (Inga-Fertiger - „die Molkerei im Kleinformat")

Rindendispersionen

Lorenzen, Nussbrede 22, D-59425 Unna

Index

152

   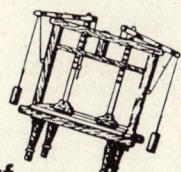
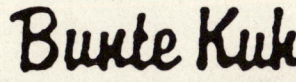

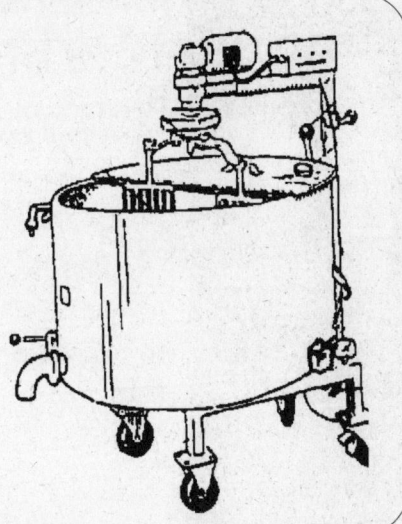

M.-H. Schröder: Mein Mulchgarten
144 S.; 19,80 DM; ISBN: 3-923176-67-8

M.-H. Schröder: Unser Mulchgarten
160 S.; 24,80 DM; ISBN: 3-923176-89-9

R. Stout: Mulch - Gärtnern ohne Arbeit
160 S.; 24,80 DM; ISBN: 3-923176-91-0

U. Rhein: Der Geflügelhof
168 S.; 24,80 DM; ISBN: 3-923176-13-9

Arnold/Reibetanz: Alles für die Ziege
144 S.; 24,80 DM; ISBN: 3-923176-44-9

Arnold/Reibetanz: Alles für das Schaf
160 S.; 24,80 DM; ISBN: 3-923176-45-7

pala-verlag

J. Grimm: Vegetarisch grillen
144 S.; 12,80 DM; ISBN: 3-923176-80-5

J. Grimm: Brotaufstriche selbstgemacht
144 S.;12,80 DM; ISBN: 3-923176-65-1

U. Rabe: Dinkel und Grünkern
144 S.; 12,80 DM; ISBN: 3-923176-72-4

R. Goetz: Naturkost, 2 Bände
je 12,80 DM; ISBN: 3-923176-77-5 / -78-3

A. Olesen: Das Kohlkochbuch
128 S.; 9,80 DM; ISBN: 3-923176-62-7

E. Szlinski: Das Suppenbuch
144 S.; 12,80 DM; ISBN: 3-923176-70-8

pala-verlag • Rheinstraße 37 • 64283 Darmstadt